MARLY 1894

GUIDE REX

VADE MECUM HISTORIQUE

ILLUSTRÉ

PHOTOGRAVURE BARRET

SAINT-GERMAIN-EN-LAYE

IMPRIMERIE P. DOIZELET

Rue Saint-Pierre, 5 et 7

GUIDE REX

MARLY 1894

GUIDE REX

VADE MECUM HISTORIQUE

ILLUSTRÉ

PHOTOGRAVURE BARRET

SAINT-GERMAIN-EN-LAYE

IMPRIMERIE P. DOIZELET
Rue Saint-Pierre, 5 et 7

Le Moulin des Gibets

(Page 28)

ERRATA

La précipitation avec laquelle nous avons du mettre sous presse, pour satisfaire à la fois quelques demandes d'exemplaires et la nécessité de paraître durant la saison estivale, est cause que des erreurs — d'une secondaire importance, il est vrai — se sont glissées dans notre ouvrage malgré notre attention et le soin zélé de nos consciencieux auxiliaires. Ces erreurs, que le lecteur aura déjà rectifié de son propre chef sans doute, sont les suivantes :

Page 24. — « Mais l'humidité, qui n'avait pas laissé la même emprunte.... » c'est *empreinte* qu'il faut lire.

Page 30 (en note). — Au lieu de Nemctacum, c'est *Nemetacum* qu'il faut lire.

Page 48. — La gravure représentant l'église Saint-Pierre et Saint-Paul de Rueil porte faussement la mention page 43 au lieu de *49*.

Page 50. — La gravure représentant les grandes orgues de l'église de Rueil porte inexactement dans sa légende le nom de Baccio d'Aglono, c'est *d'Agnolo* qu'il convient de lire, ainsi que l'indique la note de la page 52.

Page 66 (légende de la gravure). — Au lieu de « Temple de l'Amont », lire de « *l'Amour* ».

Page 97. — .....nombres de terres, lire *nombre*.

Page 104. — Au lieu de Croix au Vent, lire *Croix aux Vents*.

Page 109. — *Morcelée* au lieu de morcelé, etc.

Sauf omissions dont le lecteur voudra bien nous être indulgent.

Au dernier moment, le bruit court que le « Petit Château de la Malmaison » dont nous parlons pages 91-92, serait mis en vente. Il nous est impossible d'en vérifier l'exactitude. Nous en prenons seulement acte jusqu'à plus amples renseignements pour nos éditions futures.

AVANT-PROPOS

Lorsque nous fûmes chargé de faire l'ouvrage que nous offrons au lecteur, habitant nous-même la région que nous décrivons, nous avions été depuis fort longtemps déjà impressionné par la beauté et le charme de certains sites, autant qu'intéressé par les vestiges nombreux épars en tous lieux de tant d'époques distinctes, qui marquent de diverses façons autant de pages historiques.

C'est donc avec plaisir que nous avons fouillé autour de ces ruines, sur ces traces parfois imperceptibles, et glané patiemment dans les ouvrages déjà parus, comme en les documents inédits, ces mille détails que nous avons réunis. On pourra nous reprocher d'avoir traité trop courtement ici et longuement là des sujets toujours intéressants. Nous répondrons que les communes et localités qui se trouvent entre Paris et Rueil ont été décrites de toutes façons par d'autres et mieux que nous ne l'eussions pu faire; en outre, ce n'étaient pas les plus pittoresques du trajet que nous avons suivi. Rueil, La Malmaison, Bougival, Marly et Saint-Germain comptent parmi les plus jolis endroits des environs de Paris, leurs paysages charment les yeux et depuis la plus haute antiquité ils ont attiré l'homme, roi ou simple bourgeois par le calme, la variété, la séduction des sites. En effet, quel pas fait-on dans ce merveilleux département de Seine-et-Oise et surtout, dans le canton de Marly, qui ne procure la double satisfaction d'un paysage, d'une vue sans pareils et d'un souvenir, d'un vestige d'évènement historique proche ou lointain? Quel plus joli cadre à la promenade que ces bois délicieux où chantent les oiseaux, où gambade le gibier, que ces côteaux verts et riants du haut desquels on découvre encore un panorama enchanteur, que ces rives moussues de la Seine qui coule, telle une onde d'argent moiré, baignant les châlets les plus coquets, les villas les plus élégantes? Il n'est pas le plus petit coin qui ne convie à la rêverie et se prête mieux en même temps à une partie ou un pick-nik champêtres? Depuis Paris, au contraire, ce n'est que faubourgs, masures, usines et tout enfin qui contribue à éloigner le Parisien, déjà fatigué de la rumeur assourdissante de la grande Ruche. Voilà pourquoi nous n'avons que tracé brièvement ce qui peut intéresser des localités comme Neuilly, Puteaux, Courbevoie et Nanterre.

Cela ne veut pas dire que notre tâche ait été facile, bien au contraire, nous avons remué une documentation à telle point volumineuse, qu'il nous a fallu taire bien des choses, parce qu'elles nous eussent entraîné trop loin, mais si, au cours de notre travail nous avons éprouvé quelque plaisir, c'est dans l'espoir que le lecteur voudra bien se laisser guider par nous et ne rejettera pas ce volume, fruit de notre labeur, parce qu'il n'y aura pas trouvé le point qui l'intéressait. C'est à l'intérêt de la masse que nous nous sommes adressé et non à celui de quelques individualités, et pour cela nous avons dû rester plus historien que paysagiste.

Il nous reste à présent à remercier les nombreuses personnes qui nous ont aidé dans notre travail, et plus particulièrement quelques-unes, dont l'accueil affable et les marques de sympathies nous ont délicatement touché. Pour mieux leur prouver notre reconnaissance, nous voulons citer leurs noms, afin que le lecteur se joigne à nous en cette marque sincère de gratitude. Ce sont :

En première ligne, M. Cramail, l'éminent lettré, l'historien patient et consciencieux qui nous a en quelque sorte tracé la marche à suivre.

M. Cuïard, le si aimable et éclairé archiviste du département de Seine-et-Oise.

Puis M. le marquis de Fressinet et Mme Eugène Brun (propriétaire du château de Bois-Préau).

M. l'abbé Quentin, curé de Bougival.

M. l'abbé Lancien, curé du Port-Marly.

M. l'abbé Blanchon, curé-doyen de Marly-le-Roi, etc.

Cela fait, le lecteur nous accordera son indulgence pour un ouvrage que nous nous efforcerons de rajeunir chaque année, en considération de ce que l'on ne crée pas un Guide du jour au lendemain sans y commettre quelque lacune que le temps et une continuité de travail comblent petit à petit. Si quelques choses avaient été omises, nous saurons gré aux personnes qui voudront bien nous les signaler. Trop heureux serons-nous si la sympathie que nous avons rencontrée partout nous est conservée.

REX.

Marly-le-Roi, 1894.

LA ROUTE DE CHERBOURG

La route nationale numéro 13, dite route de Cherbourg, qui, partant de Paris à l'Arc-de-l'Etoile, se dirige vers Cherbourg en passant par Neuilly-sur-Seine, Courbevoie, Puteaux, Nanterre, Rueil, Bougival, Port-Marly et Saint-Germain, va nous servir de tracé, de point de repère, au cours de notre promenade. Cette voie, créée par les Romains, différait quelque peu à l'origine de son parcours actuel. Elle subit de successives transformations, notamment sur le territoire de Nanterre, sous le règne de Henri IV, et à Courbevoie. Perronet, lorsqu'il eut achevé le Pont de Neuilly, substitua aux sinueuses sentes impraticables, le tronçon de route qui raccorde ledit pont au plateau de la Défense.

La route de Cherbourg, au fur et à mesure qu'elle traverse les communes par nous décrites, change de nom comme suit :

Dans Paris, jusqu'à la Porte Maillot, avenue de la Grande Armée; à Neuilly, jusqu'au pont, avenue de

Neuilly; à Courbevoie, avenue de la Défense jusqu'au plateau; à Puteaux, avenue de Saint-Germain jusqu'au rond-point des Bergères; à Nanterre, jusqu'au rond-point de la Boule Royale, route de Paris, puis route de Cherbourg; sur le territoire de Rueil, jusqu'à la Jonchère, route de Paris; à Bougival, rue de Mesmes jusqu'à la Chaussée, quai Sganzin jusqu'au pont, quai Boissy-d'Anglas jusqu'à la Machine, quai Rennequin-Sualem jusqu'à Bas-Prunay; à Port-Marly, quai Conti, rue de Paris; au Pecq, route de Versailles; à Saint-Germain, place Royale, avenue Gambetta, rue Thiers et place du Château.

Cette route, nous le répétons, ne nous sera utile que comme point de repère et sera en quelque sorte comme le guide de notre course.

CHAPITRE Ier

PARIS — NEUILLY-SUR-SEINE — COURBEVOIE PUTEAUX — LE MONT-VALÉRIEN NANTERRE

PARIS

Avenue de la Grande-Armée

Jusqu'en 1460 l'avenue n'existait pas. La gigantesque forêt de Rouvray couvrait toute la région : la Cour y venait chasser et dans plus d'un ouvrage nous en trouvons l'éloge enthousiaste. Les habitants de Menus-Saint-Cloud y firent construire une chapelle vouée à Notre-Dame-de-Boulogne-sur-Mer, qui devint rapidement un lieu de pélerinage. Les fervents qui s'y rendaient, par crainte des malfaiteurs qui se tapissaient dans les fourrés placèrent également la forêt sous l'invocation de la Vierge et la nommèrent : Bois de Notre-Dame-de-Boulogne. Aujourd'hui il n'en reste que le morceau que nous connaissons sous l'appellation de Bois de Boulogne. Bientôt Lenormant de Tournehem, oncle de la marquise de Pompadour, qui habitait le château de Saint-James, à Neuilly, de concert avec Marigny, marquis de Vendière, lequel résidait en l'Hôtel de Soissons (Élysée), entreprit de prolonger jusqu'à Paris la route qui venant de Saint-Germain se terminait là en une impasse impraticable. Ce fut un travail immense qui nécessita des transports de montagnes de terre, et ne fut achevé qu'en 1762. Lorsque vers l'an 1843 les fortifications de Paris furent décidées, la première partie de l'avenue, c'est-à-dire le tronçon de Neuilly à l'Etoile prit le nom d'avenue de la Grande-Armée. Sur les ordres du baron Haussmann, l'avenue fut bouleversée et transformée à son état actuel en 1866.

NEUILLY-SUR-SEINE
Porte-Maillot — Rond-Point

Nous franchissons la Porte-Maillot, ainsi nommée parce qu'autrefois un jeu de Mail existait à cet emplacement, et nous entrons à Neuilly. Le Rond-Point sur lequel nous nous trouvons, faisait partie des terrains concédés à

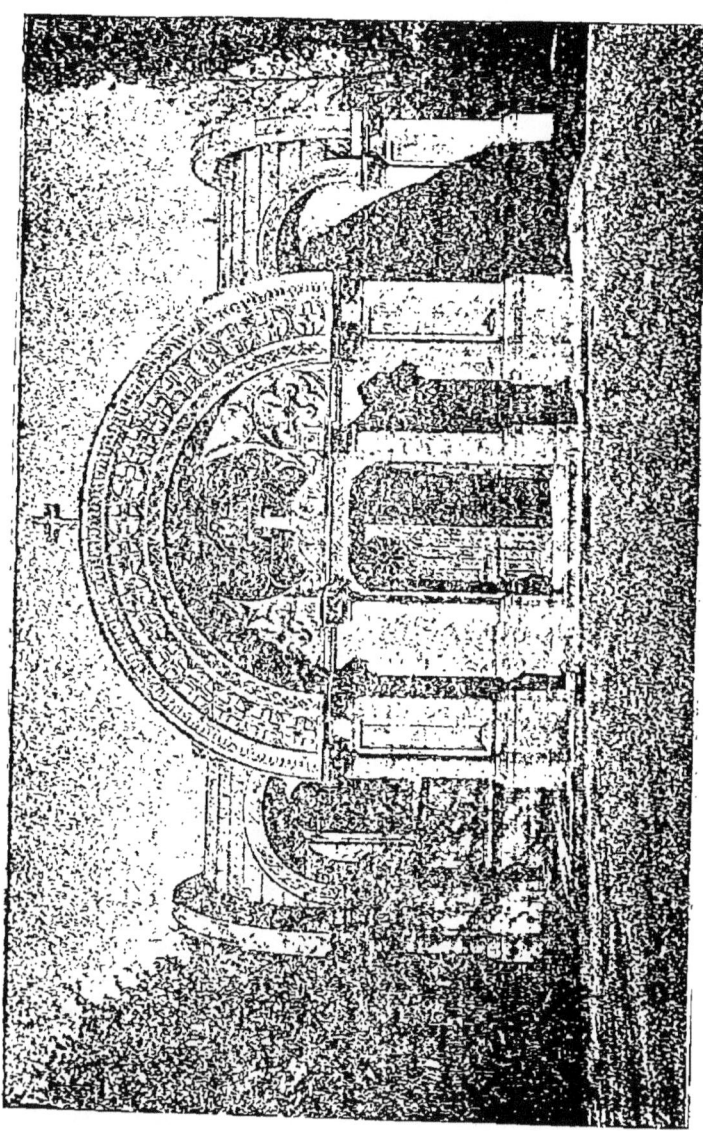

LA PORTE MAILLOT
Chapelle Saint-Ferdinand
(Page 3)

Parmentier (1) par le roi Louis XVI, pour les premières plantations en France de la pomme de terre.

A notre droite s'ouvre la route de la Révolte sur laquelle est érigée la chapelle Saint-Ferdinand en mémoire de l'accident mortel survenu au jeune duc Ferdinand d'Orléans, le 13 juillet 1842 (2).

---

(1) **Parmentier** (Antoine-Augustin), célèbre agronome, né à Montdidier en 1737, mort en 1813. Il suivit en qualité de pharmacien l'armée française de Hanovre, fut fait cinq fois prisonnier. Durant sa captivité il se nourrit ou fut réduit à se nourrir de pommes de terre exclusivement, et reconnut les avantages de cet aliment qui, introduit en Europe au xv⁰ siècle, était cultivé en Italie et dans quelques régions du Nord seulement. Il passait en France pour vénéneux; on allait même jusqu'à prétendre qu'il engendrait la lèpre et c'est tout au plus si on le jetait en pâture aux bestiaux. Pharmacien à l'Hôtel des Invalides, Parmentier prit à cœur de détruire ce préjugé. Il parvint à se faire protéger par les rois Louis XV et Louis XVI qui favorisèrent généreusement ses plantations. La Convention, après lui avoir ôté sa pension, fut contrainte d'avoir recours à lui pour réorganiser le service pharmaceutique des armées. Par la suite, il fut nommé membre de l'Institut, président du Conseil de santé, inspecteur général du Service de Santé des armées, admininistrateur des Hospices. Il a perfectionné la boulangerie, créé une mouture économique, décidé le Gouvernement à fonder une école pratique de boulangerie. On lui doit le sirop de raisin. Il a laissé masse d'ouvrages, tels que: *Code pharmaceutique, Examen chimique de la pomme de terre,* etc...

(2) Ferdinand-Philippe-Louis-Charles-Henri-

Presqu'à moitié de l'avenue de Neuilly, après avoir vu en passant au bout de la rue Montrosier la statue de Parmentier devant l'ancien Hôtel-de-Ville, aujourd'hui palais de la Justice de Paix, nous nous arrêtons devant l'Eglise. Ce n'est pas que ce monument qui date de 1827 ait quelque caractère, mais il évoque le souvenir des églises précédentes de Neuilly. Durant longtemps Neuilly ne fut qu'une dépendance de la Paroisse de Villiers-la-Garenne. Mais en 1540, un seigneur de la maison du Château de Madrid (1), Jean-Baptiste de Chantemerle fit ouvrir sur les bords de la Seine une chapelle qu'il entretenait de ses

---

Rose d'Orléans, duc de Chartres, fils de Louis-Philippe et de Marie-Amélie de Bourbon-Sicile, né à Palerme en 1810, mort en 1842, après une brillante carrière militaire en Belgique et en Afrique, le 13 juillet 1842. Sur le point de partir pour inspecter les régiments de Saint-Omer, il se rendait à Neuilly faire ses adieux à son père, lorsque sur la route de la Révolte, ses chevaux s'emportèrent. Il sauta de voiture et se brisa le crâne sur les pavés. La chapelle Saint-Ferdinand a été érigée à l'endroit précis où il expira, qui était alors une échoppe de liquoriste. Il avait épousé en 1837 la princesse Hélène de Mecklembourg-Schwerin, de laquelle il eut deux fils, Louis-Philippe, comte de Paris, et Ferdinand-Philippe, duc de Chartres.

(1) **Madrid ou Madrit**. Ce château est un des ouvrages de François 1er, qui le fit bâtir sur le modèle de celui de Madrid, en Espagne. Celui-ci est dans une belle situation et à la tête du Bois de Boulogne, qui lui sert de Parc. La rivière de Seine, de l'autre côté, lui donne une belle vue. (Piganiol de la Force, 1765).

NEUILLY-SUR-SEINE — Statue de Parmentier

(Page 4)

propres deniers. Depuis lors saint Jean-Baptiste est demeuré patron de l'endroit. En 1724 par des lettres patentes données à Versailles, le Roi trancha un différend qui s'était élevé entre Rioul, seigneur de Villiers, et Fleuriau d'Armenonville, au sujet de l'érection d'une seconde chapelle attenante au château de Madrid, en accordant au second le privilège qu'il sollicitait. Cette chapelle fut placée sous l'invocation de saint Louis, et à titre de dotation le Roi, dit un auteur ancien, « y a uni le prieuré de la Celle, dépen-
« dant de l'Abbaye de Moutier la-Celle-lès-Troyes
« lequel vaut environ deux mille livres de
« rente » (1).

Quelques temps après, la première de ces deux églises, tombant en ruines, Mlle de Charolais, princesse de Bourbon-Condé, en assuma la reconstruction et donna à cet effet une somme de 20,000 livres, dit-on. Mais absente le jour de la pose solennelle de la première pierre, elle se fit excuser, donna encore 10,000 livres et désigna pour la remplacer en la présidence de cette cérémonie, Mlle de Villefranche. Il est même à ce sujet une anecdote amusante. Le chapitre de Saint-Honoré et les notables de Neuilly ayant exprimé le désir de se rendre en pompe présenter leurs remerciements à la généreuse donatrice, celle-ci conçut la fantaisie

---

(1) *Description historique de la Ville de Paris et de ses Environs,* Piganiol de la Force, Paris M.DCC.LXV

de faire peindre son portrait, en costume de Franciscain, par Boucher, ce qui inspira à Voltaire l'impromptu connu :

> Frère Ange de Charolais
> Dis-nous par quelle aventure
> Le cordon de Saint-François, etc., etc.

Détruite sous la Révolution, la chapelle de Madrid fut reconstruite sous le Consulat, puis remplacée par l'église actuelle, qui elle-même dut subir quelques réparations après la Commune de 1871.

Nous parvenons ensuite à l'extrémité de Neuilly et au pont. Tandis que nous franchissons ce dernier, remontons un peu dans le passé.

Pont de Neuilly

En l'an 718, Chilpéric II fit don à l'Abbaye de Saint-Denis de la forêt de Rouvray, du Vieux-Clichy, et ses alentours, sur les bords de la Seine, don auquel, vingt-trois années plus tard, Charles Martel ajouta un espace appréciable de terrains cultivés, comprenant notamment le village de Villiers, et le gué de Lulliaco. Ce gué qui se trouvait ainsi sur le chemin de Paris à Saint-

Germain aboutissait d'un côté à Neuilly et de l'autre à un sentier sinueux et courbe (via curva) qui a prêté son nom à un village. Il ne faut cependant pas conclure de là que le gué fut à l'endroit précis où se trouve le pont actuel : il était à quelques centaines de mètres en aval. Nous trouvons ensuite qu'en 1222 le gué était devenu port, sous le nom de « portus de Lulliaco ou Lugniacum » d'où l'on fit d'abord Nully puis Neuilly. Grâce à l'initiative d'un abbé de Saint-Denis, un bac fut installé vers 1340 pour les transports d'une rive à l'autre et faciliter ainsi la circulation carrossière qui se faisait déjà considérable. Mais un événement imprévu qui faillit coûter la vie à Henri IV détermina la construction d'un pont. Voici en quels termes Dulaure raconte l'accident : « Le Roi revenait
« de Saint-Germain avec la Reine, son épouse,
« dans un carrosse à quatre chevaux ; les ducs
« de Montpensier, de Vendôme, la princesse de
« Conti, et le cardinal du Perron, les accompa-
« gnaient dans la même voiture. Lorsqu'on fut
« arrivé à Neuilly, proche de la Seine, les
« chevaux qu'on avait oublié de faire boire, se
« précipitèrent dans l'eau malgré les efforts du
« cocher, et entraînèrent la voiture dans un
« endroit si profond, que sans les prompts
« secours de MM. de l'Isle-Rouhot et Chastai-
« gneraye, qui se jetèrent dans l'eau avec leurs
« manteaux et leurs épées, le Roi et sa
« compagnie se seraient infailliblement noyés.

« Ce prince, étant hors de danger, se remit
« dans l'eau pour aider à retirer la Reine :
« Cette princesse avait bu un peu d'eau ; ce
« qui fit dire à la marquise de Verneuil, maî-
« tresse du Roi, qui n'était pas de la partie :
« « Si j'avais vu ce spectacle, je me serais
« mise à crier : La Reine boit ! » (1)

Le même auteur nous conte que cette chute guérit Henri IV d'un grand mal de dents ; il en plaisantait en disant que jamais il n'avait trouvé de meilleure recette.

Les travaux de construction d'un pont furent immédiatement commencés sous la direction du charpentier Rémi Basset et achevés en 1609. Tout de bois et composé de dix-huit arches, ce pont, qui coûta 42,000 livres, reposait sur deux îles dont l'une a disparu. Mais bientôt il devint une entrave à la navigation et, sa solidité laissant à désirer, Louis XIII accorda à Marie de Hautefort (1), demoiselle de la suite d'Anne d'Autriche, la concession d'une nouvelle cons-

---

(1) Dulaure, *Histoire physique, civile et morale des environs de Paris*, Paris, 1853.

(1) **Hautefort (Marie de)**, née en 1616, morte en 1691, était dame d'atours de la reine Anne d'Autriche, jouit de l'amitié de Louis XIII, fut éloignée de la Cour par Richelieu, contre lequel elle avait tramé des intrigues ; subit une nouvelle disgrâce pour son opposition à Mazarin et épousa enfin le maréchal de Schomberg en 1646. (Bachelet).

Le Pont de Neuilly

(Page 9)

truction. Andrieux de Gournay, maître constructeur, moyennant une somme de 50,000 livres, fut l'auteur de ce deuxième pont qui devint à péage. Mais le sort ne semble pas avoir été favorable à l'endroit. A l'avènement de Louis XIV le pont de Neuilly était très fréquenté ainsi que les routes adjacentes encore champêtres. Un matin, Pascal et quelques amis se rendant en promenade à Neuilly, les chevaux du carrosse qu'ils occupaient prirent peur à l'entrée du pont, qui n'avait aucun parapet, et s'élancèrent, malgré les efforts du cocher, dans le vide. Par un hasard providentiel, les traits se rompirent, les quatre bêtes plongèrent dans le fleuve, tandis que le véhicule demeurait suspendu littéralement au-dessus de l'abîme. Le souvenir de cet accident et la terreur qu'il en conçut laissèrent, dit-on, une empreinte indélébile au cerveau de Pascal. Quelques auteurs même, dont Voltaire, prétendent à tort que le célèbre mathématicien en eu la raison quelque peu atteinte.

En 1766 le mauvais état du pont de Neuilly nécessita des réparations coûteuses, ce qui détermina le conseiller Trudaine (1), directeur-

---

(1) **Trudaine (Daniel-Charles),** fut conseiller au Parlement, intendant d'Auvergne. Il fonda l'école d'ingénieurs des Ponts et Chaussées, dont il devint le directeur éclairé et diligent. Il forma ainsi la pléiade d'hommes qui exécuta les beaux ponts et ces voies

fondateur des ponts et chaussées, à confier le soin d'un nouveau pont à Rodolphe Perronet (1) dont les plans et devis, audacieux pour l'époque, furent d'emblée acceptés. La concession des travaux fut adjugée à Rimbard pour une somme d'environ 3,000,000 livres et l'on désintéressa les héritiers de Marie de Hautefort,

---

splendides qui demeurent pour l'illustration du règne de Louis XV. Né à Paris en 1703, mort en 1769, il laissa un fils, Trudaine de Montigny, qui continua son œuvre.

(1) **Perronet (Jean-Rodolphe)**, ingénieur, né à Suresnes, en 1708, d'un officier sans fortune mort en 1734. Perronet jouit d'une réputation universelle justement acquise. A 17 ans, il fut chargé de diriger la construction du grand Egout de Paris, et celle de la partie du quai qui se trouve entre les Tuileries et le pont de la Concorde, dite quai de l'Abreuvoir. Entré en 1737 dans le corps des Ponts et Chaussées, il en devint directeur en 1747. De fait et de grade, premier ingénieur de France, il a fournit vingt-un projets de ponts, en exécuta treize parmi lesquels ceux de Neuilly, de Nemours, de Mantes, de Pont-Sainte-Maxence, celui de Louis XVI (aujourd'hui de la Concorde), à Paris, tous dans le même genre. Il dirigea les travaux du canal de Bourgogne, l'établissement de plus de 600 lieues de route et proposa un plan pour amener les eaux de l'Yvette à Paris. Il est l'inventeur du système de pont à arche en pierre de 200 à 500 pieds d'ouverture, et d'un grand nombre de machines en usage dans la construction, telle la scie à récéper les pieux sous l'eau, une drague, etc... Il a laissé des ouvrages fort prisés relatifs aux constructions, et des Mémoires dans le Recueil de l'Académie des Sciences.

précédente concessionnaire, par une redevance annuelle de 30,000 livres.

La longueur de ce pont est de sept cent cinquante pieds environ. Il se compose de cinq arches qui mesurent cent vingt pieds de portée et trente pieds de hauteur sous clé. On a employé pour cette construction de la pierre de Saillancourt. Il est même une pierre au parapet qui mesure trente-six pieds de longueur (1). Le décintrement eut lieu en grande pompe sous la présidence du roi Louis XV le 22 septembre 1772, ainsi qu'en fait foi une médaille commémorative en or frappée à l'hôtel des Monnaies.

Il est curieux et remarquable de noter que sauf un léger tassement lors du déblais des matériaux, le pont de Neuilly n'a pas bronché depuis cent vingt et un ans, en dépit de la circulation considérable qui s'y fait journellement et augmente à souhaits.

En 1815, il y eut à Neuilly plusieurs engagements entre Français et Anglais ; le village et le pont furent livrés aux puissances étrangères. Lord Wellington avait installé son quartier général à Saint-James le 6 juillet ; il y resta deux jours.

---

(1) A l'heure où nous mettons sous presse ces détails ont perdu de leur intérêt ; en effet, des travaux ont été ordonnés pour substituer au parapet en pierre un parapet en fonte. Nous le regrettons au point de vue architectural.

Neuilly comptait autrefois plusieurs maisons de campagne dont quelques-unes passaient pour les plus belles que l'on connaisse. Parmi celles-ci il faut mentionner le château de *Sainte-Foix*, situé près du pont au bord de la Seine. Bâti sur plusieurs terrasses qui descendaient vers le fleuve en 1755, par le comte d'Argenson, son architecture élégante et simple, ses jardins de toute beauté dont la partie inférieure était réunie par un léger pont suspendu à une île de la Seine, le désigna à l'attention du Roi Louis-Philippe qui en fit sa résidence estivale.

Le château de *Saint-James* appartenait à la princesse Borghèse, qui y donna des fêtes brillantes auxquelles son frère lui-même assista souvent. Cette demeure est restée célèbre par sa magnificence et a donné son nom à un quartier.

Enfin le château de *Villiers*, au duc d'Orléans, que le poëte Desmoulins a chanté dans son voyage à Epône.

Neuilly-sur-Seine fait partie du département de la Seine et de l'arrondissement de Saint-Denis. C'est un chef-lieu de canton qui compte 26,596 habitants environ.

COURBEVOIE

Nous gravissons à présent l'avenue de la Défense qui nous conduit au plateau du même nom. Cette voie, qui date de 1772, marque la limite de deux communes. A gauche Puteaux, à droite Courbevoie.

Nous avons vu plus haut l'étymologie du nom de Courbevoie. Ce n'était autrefois, c'est-à-dire avant la Révolution, qu'un hameau de la paroisse de Colombes. Son ancienneté remonte au XIII siècle, il en est fait mention dans deux titres de l'an 1209, sous le nom de Curva Via, parce qu'en effet le chemin y était sinueux (1). La terre de Courbevoie, où existait avant 1793 un couvent dit des Pénitents, disparu aujourd'hui, relevait en partie des moines de Saint-Denis, en partie des seigneurs laïques. L'accroissement du lieu nécessita la construction d'une chapelle. Les habitants furent affranchis en 1248. On sait que les casernes de Courbevoie furent longtemps occupées par les gardes Suisses. En 1814, dit un historien (2), après les événements

---

(1) Dulaure, *Histoire physique, civile et morale des environs de Paris 1858.*
(2) *Dictionnaire historique des environs de Paris.*

mémorables qui venaient de changer le sort de la France, le Gouvernement provisoire créé pendant les premiers jours de l'occupation de la Capitale par les armées coalisées, fit établir dans les casernes de Courbevoie un hôpital militaire destiné aux soldats blessés des puissances alliées. « Ils y reçurent de la générosité « française des soins si tendres et si multipliés « que les chefs des armées coalisées crurent « devoir en faire leurs remerciements officiels « aux autorités locales par la voie des journaux. » On voit ces casernes à droite du plateau, à l'extrémité de l'avenue Gambetta.

Courbevoie est aujourd'hui chef-lieu de canton du département de la Seine, arrondissement de Saint-Denis, et compte 15,937 habitants environ.

PUTEAUX

La Défense — Les Bergères

Les anciens titres donnent à ce village le nom de « Puteoli » ; plus tard on le retrouve désigné dans les chroniques de Saint-Denis sous celui « d'Aiguepinte ». Hameau dépendant de la paroisse de Suresnes, les habitants en étaient tenus d'offrir à Saint-Denis chacun un cierge éteint les jours de la Toussaint et de la Noël, et un troisième allumé le jour de la Chandeleur. Pour avoir refusé de se soumettre à ce tribut, ils furent excommuniés en masse, mais Guillaume, abbé de Saint-Denis, les affranchit en 1248. Un autre abbé, de l'abbaye de Saint-Denis, Briçonnet, qui avait droit de nomination à la cure de Suresnes, autorisa la construction d'une chapelle à Puteaux, à la condition toutefois qu'elle ne serait jamais érigée en paroisse et que les habitants ne recevraient les sacrements qu'à Suresnes où ils assisteraient à l'office les jours de Pâques, de la Pentecôte, de la Toussaint, de la Noël et de la Purification. Cette chapelle, bâtie en 1523, devint succursale de Suresnes en 1573 ; enfin les habitants de Puteaux, en 1717, représentèrent qu'ils étaient

500 communiants et que la fabrique était riche. L'Eglise succursale fut donc érigée en paroisse, « en conservant cependant des marques de son « ancienne dépendance. Par exemple, le clergé « de cette nouvelle paroisse est tenu de venir « avec les habitants à Suresnes le jour de « Pâques et d'y chanter complies dans leur « ancienne église paroissiale. Le lendemain, le « clergé de Suresnes se transporte avec les « paroissiens dans l'église de Puteaux, où il « chante la Grand'Messe. Outre cela, chaque « année les marguilliers de Puteaux doivent « offrir le pain bénit, à Suresnes, le dimanche, « dans l'octave de Saint-Leufroy, leur ancien « patron (1). » La seigneurie de Puteaux passa des abbés de Saint-Denis à la Confrérie de Saint-Cyr.

Puteaux fait partie du département de la Seine, arrondissement de Saint-Denis, canton de Nanterre; on y compte 15,736 habitants environ.

---

(1) *Histoire du diocèse de Paris*, de l'abbé Lebeuf.

MONUMENT DE LA DÉFENSE NATIONALE
DE PARIS

La France debout contre un canon, sabre au clair, une main crispée sur le drapeau. A ses pieds un soldat blessé, pieds nus, qui charge encore son fusil; derrière, du côté de Paris, une jeune fille assise près de l'affût.

La Défense
Rond-Point et Monument
Les Bergères

Parvenus sur le plateau qui domine Courbevoie, Puteaux et Nanterre, nous faisons halte un instant devant le monument de la Défense de Paris. Jusque vers 1863 le rond-point n'était qu'une place demi-circulaire nommée place de la Demi-Lune. Mais l'Empereur en fit compléter la circonférence et en outre ériger au centre, sur un massif piédestal de granit, une statue de Napoléon Ier qui demeura jusqu'en 1870, époque où elle fut retirée par les soins de l'administration militaire qui en utilisa le socle comme poste d'observation des mouvements de l'ennemi dans la plaine. La dite statue a été transportée aux Invalides, où elle se peut voir. Elle représente Napoléon vêtu de la fameuse redingote grise et coiffé d'un bicorne. La cabane de bois qui avait été bâtie pendant la guerre sur le piédestal même a subsisté fort longtemps. En 1882 le monument de la Défense de Paris a définitivement pris la place. Ce groupe, dû au sculpteur Barrias, est en bronze. Il représente la France debout contre un canon, sabre au clair, une main crispée sur le drapeau. A ses pieds un soldat blessé, pieds nus, qui charge encore son fusil ; derrière, du côté de Paris, une jeune fille assise près de l'affût. Quelques-uns ont reproché à ce monument son allure vulgaire ; nous oserons employer le même argument pour réfuter cette critique. Oui il est vulgaire, mais au sens latin du mot. Il a un caractère de féroce énergie, d'acharnement haineux dans la détresse qui n'est pas sans en imposer un peu. L'inauguration en a été célébrée le 12 août 1882.

La place ou rond-point de la Défense est marquée en outre par le souvenir d'un sanglant épisode ; nous voulons parler de la rencontre qui eut lieu entre les fédérés et les troupes de Versailles le 2 avril 1871 et qui, avec le combat de Châtillon, commença les opérations militaires de la deuxième période de la Commune. Les troupes communalistes commandées par le général Bergeret et le colonel Flourens occupaient à l'aube le plateau qui était demeuré fortifié en retranchement et les troupes régulières descendant du mont Valérien eurent un formidable assaut à donner sur trois points différents.

« Le fort du Mont-Valérien — dit M. Luci-
« pia dont le récit fait loi — dont on avait
« annoncé publiquement la prise sur les indi-
« cations de M. Charles Lullier, avait au con-
« traire sa garnison renforcée. Il dirigea un

« feu très nourri sur les fédérés qui, surpris,
« se replièrent jusqu'à Neuilly où ils se barri-
« cadèrent. »

Tandis que nous relatons ce fait, nous avons suivi l'avenue de Saint-Germain et nous sommes arrivés à une autre place nommée Rond-Point des Bergères, pour la raison que Sainte-Geneviève, dit la légende, y menait paître ses brebis. Citons au coin, à gauche, le mur de la Compagnie des Eaux contre lequel furent fusillés nombre de fédérés en 1871 et qui, de cette façon, a, lui aussi, son chapitre dans notre histoire.

Le Mont-Valérien

Nous voici à présent en vue du Mont-Valérien qui domine à notre gauche toute la contrée environnante. C'est la montagne la plus élevée de toutes celles qui bornent l'horizon de Paris, dont elle est distante de 10 kilomètres. Elle s'élève à 136 mètres au-dessus du niveau de la Seine et constitue aujourd'hui le plus important point du système de défense de notre capitale. On croit que son nom lui vient de « Valérien », père de l'Empereur Gallien ; quoi qu'il en soit ce lieu fut durant plusieurs siècles habité par des ermites et plusieurs communautés de moines s'y sont succédés jusqu'à la Révolution.

En 1400 déjà il existait au Mont-Valérien un anachorète du nom d'Antoine dont la vie austère est racontée tout au long dans les œuvres de Jean Gerson qui n'oublie pas de raconter combien sa cellule était étroite (1). Plus tard, c'est-à-dire sous le règne de Henri II, l'ermitage est habité par sœur Guillemette Faussart qui y fait bâtir, par le moyen des aumônes de quelques dévots, une chapelle et une grande cellule; « Et, ce qui est émerveillable, dit un auteur (2), « de nuit ayant prié Dieu, elle prenait de l'eau « au pied du mont, et portait au sommet d'icelui « en telle quantité qu'elle suffisait aux maçons « tout le long du jour ». Elle mourut en 1561. Jean Housset lui succéda. Il parlait, affirme-t-on, très laconiquement, « fuyait en ses dires, la prolixité des paroles » et avait des visions sublimes chaque fois qu'il psalmodiait. Les premiers ermites du Mont avait fait élever à son sommet trois croix qui rappelaient la montagne du Calvaire où Jésus-Christ fut crucifié. Ce rapprochement frappa un saint prêtre, appelé Charpentier (3) qui avait institué, dans le Béarn,

---

(1) Dulaure.
(2) Du Breuil.
(3) **Charpentier (Hubert)**, né en 1565, à Coulommiers, mort à Paris en 1650. Grand ami des solitaires

une congrégation sous le nom de Prêtres du Calvaire, et qui résolut d'établir au Mont-Valérien une communauté, dans le but de maintenir le culte de la croix que les calvinistes avaient tâché d'abolir. Il trouva en la personne du roi Louis XIII un précieux appui. Ce prince autorisa par lettres-patentes datées de 1633, la construction d'une église et d'un couvent pour les prêtres destinés à la servir. Voici en quels termes M. de Ponthriant, prêtre agrégé du Mont-Valérien, trace un portrait du caractère de Charpentier. Le grand vicaire de l'archevêque d'Auch, « ne fut pas plutôt dans les fonctions du
« ministère qu'il se livra tout entier au salut
« des âmes; et, pour le faire avec plus de
« succès, il inspirait à tout le monde la dévotion
« à la croix, il parlait souvent des souffrances
« de Jésus-Christ, et avec tant de fruit que les
« plus grands libertins en étaient touchés
« jusqu'à en verser des larmes. Le nouveau
« missionnaire s'attira bientôt la confiance de
« tous les peuples. On venait en foule pour
« écouter et profiter de ses instructions; on le
« regardait déjà dans le pays comme un apôtre
« suscité du ciel pour attirer à Dieu tous les

---

de Port-Royal des Champs, près de Chevreuse (S.-et-O.), établis par l'abbé de Saint-Cyran, lesquels solitaires, Arnauld d'Andilly, Lemaistre, Sacy, Séricourt, etc., furent les propagateurs et les apôtres du Jansénisme. L'histoire du Monastère de Port-Royal a été écrite par J. Racine et Sainte-Beuve.

« peuples qui auraient le bonheur de l'écouter. » Charpentier obtint ensuite du cardinal de la Rochefoucauld, abbé de Sainte-Geneviève, ainsi que des Religieux de cette abbaye dont dépendait le Mont-Valérien, huit arpents et demi de terre sur la montagne, pour lesquels contrat fut passé le 30 mars 1634. L'Archevêque de Paris eut aussi à cœur de concourir à si sainte œuvre que l'approbation royale couvrait d'un éclat tout particulier, en donnant des lettres de concession pour l'établissement de la Congrégation (1634); et, afin qu'il ne manquât rien à la durée et à l'affermissement de cet Institut, il fit dresser des statuts et constitutions qu'il lui accorda en 1638 (1). En outre la Reine Anne d'Autriche porta son fils à confirmer les lettres patentes du Roi Louis XIII, l'établissement, sur le Mont-Valérien, de la congrégation, ses privilèges et ses statuts par de nouvelles lettres qu'il accorda en février 1650, que le Parlement enregistra et ratifia le 13 décembre de la même année.

Cependant après la mort de Charpentier, qui survint en 1650, ses confrères, fatigués du séjour du Calvaire, de même que les ermites (2), vendirent leurs communautés aux Jacobins de la rue Saint-Honoré en 1663. Mais le chapitre de la cathédrale de Paris, dont dépendaient ces

---

(1) Piganiol.
(2) Les ermites du Calvaire s'occupaient à l'industrie lucrative des bas de soie.

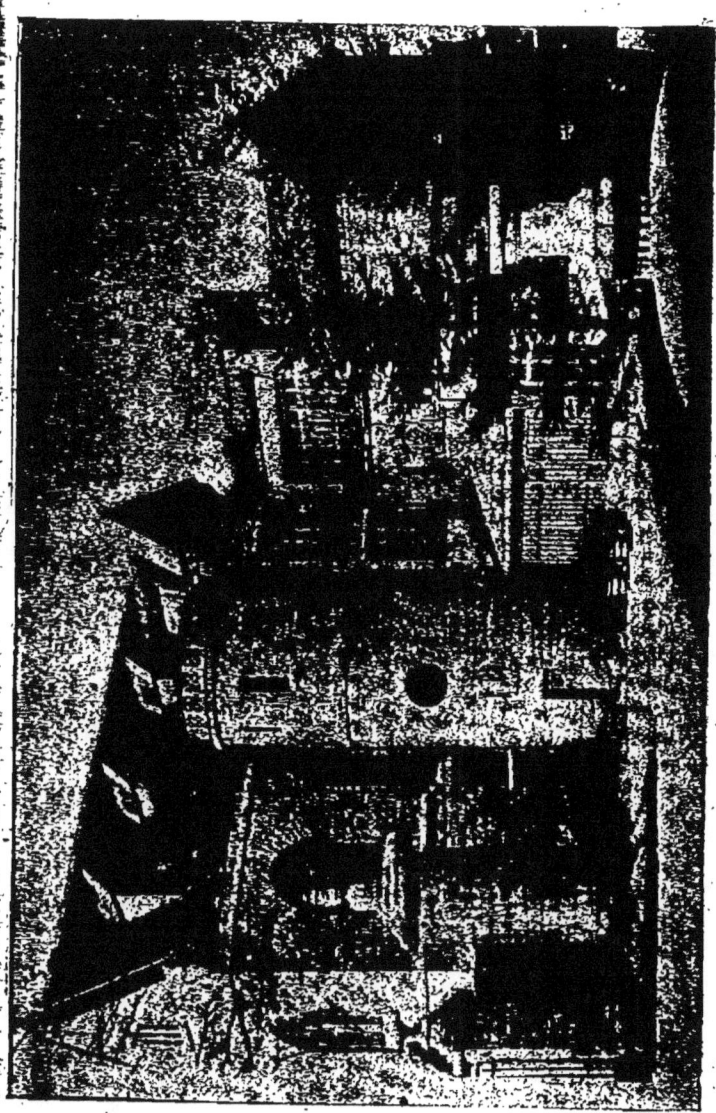

Le Moulin des Gibets

(Page 28)

deux communautés, refusa de ratifier les traités et s'empressa d'y placer d'autres prêtres. Mais, dit Saint-Foix : « Lorsque les religieux se « présentèrent pour entrer en possession, la « montagne souffrit une espèce de siège. Les « prêtres et les jacobins formaient les deux « armées ; les gens de Nanterre vinrent au « secours des premiers ; les religieux étaient « secondés par les habitants du village de « Gonesse, où ils ont une maison. On opposa la « force à la force. Il y eut un boulanger de tué, « d'autres paysans blessés et faits prisonniers, « et les Jacobins devinrent maîtres de la place. « Cette guerre ecclésiastique fit tant d'éclat que « le Roi ordonna au Parlement de prendre au « plus tôt connaissance de cette affaire, et, par « un arrêt contradictoire, intervenu en 1664, les « logements et les biens furent restitués à leurs « premiers possesseurs. »

L'aventure fut célébrée par une pièce de vers d'un prêtre, Jean Duval, qui parut sous le titre : « *Le Calvaire profané par les Jacobins de la rue Saint-Honoré* ».

Ce calvaire était un lieu de pèlerinage qui attirait un grand concours de dévots, surtout la nuit du lundi et du vendredi de la semaine sainte. Les uns portaient de pesantes croix, d'autres se flagellaient, d'autres enfin se contentaient de marcher en silence. Mais comme ces pratiques de dévotion avaient lieu au retour du printemps dans la nuit, qu'il fallait traverser le

Bois de Boulogne, quelques pèlerins et pèlerines faisaient en route des stations qui n'avaient rien de religieux; la galanterie et le libertinage remplacèrent bientôt la pénitence et les péchés se commirent au lieu même de leur expiation.

De plus, les religieux pour attirer davantage les fidèles, avaient fait construire derrière le maître-autel de leur église un tombeau de Jésus-Christ avec statues de grandeur naturelle, et pour faciliter l'accès de la montagne, on avait fait pratiquer des rampes et des terrasses. De chaque côté de ces rampes de petites chapelles figuraient les stations de la Passion. Ces chapelles étaient closes et à travers les barreaux des portes, les pèlerins jetaient des pièces de monnaie. A ce sujet, Dulaure s'exprime ainsi : « Le charlatanisme « qui pénètre partout, s'établit jusque sur la « montagne du Calvaire. Pour réveiller la géné-« rosité des bonnes âmes, et les déterminer à « jeter dévotement beaucoup de monnaie dans « les chapelles où sont représentés les mystères « de la Passion, on y cloua par terre plusieurs « pièce de monnaie. Mais l'humidité, qui n'avait « pas laissé la même emprunte sur le fer des « clous que sur le cuivre des gros sous, fit « découvrir la sainte ruse ».

Ces pèlerinages et les désordres qu'ils entraînaient furent, en conséquence, sagement réformés. L'Archevêque de Paris fit défense en 1697 aux prêtres de la croix d'ouvrir leurs chapelles pendant la nuit du jeudi au vendredi saint. Enfin un décret de l'Assemblée Constituante daté du 18 août 1791 supprima les deux communautés du Mont-Valérien. Toutefois, l'église et les bâtiments subsistèrent. Ils furent le rendez-vous d'un grand nombre d'ecclésiastiques, qui y tenaient de longs conciliabules nocturnes pendant la durée du grand concile convoqué à Paris par Napoléon. L'Empereur, que l'issue du dit concile avait déjà contrarié, en prit ombrage : il donna, alors, ordre aux grenadiers de sa garde de se rendre au Mont-Valérien, de s'y emparer des conspirateurs et de raser jusqu'aux fondements le couvent et l'église. En une nuit, tous ceux que les grenadiers rencontrèrent furent arrêtés et les bâtiments détruits de fond en comble.

Néanmoins, si belle position ne pouvant demeurer inoccupée, Napoléon conçut le projet d'établir sur les ruines de la communauté un édifice destiné à recevoir une succursale de la maison d'Écouen ; plus tard il changea d'avis et décida d'y bâtir une caserne. Ce dernier bâtiment touchait à sa fin, quand l'Empire tomba.

Le Mont-Valérien passa alors aux Pères de la Foi, qui convertirent une partie de la caserne en église, réservant le reste aux logements. Mais ces pères qui préféraient, parait-il, le « tourbillon du monde », au Calvaire, y demeurèrent de façon intermittente. Les pèlerinages à la croix recouvrèrent leur ancienne ferveur. Le 3 mai et le 14 septembre, notamment, on voyait sur la route quantité de mendiants, quelques dévots et beaucoup de curieux.

On sait que longtemps fut conservé au Mont-Valérien un morceau de la vraie croix; cette relique authentique, qui avait appartenu à Manuel Comnène, empereur d'Orient en 1113, parvint par la suite à la princesse palatine Hélène qui le légua en 1683 aux religieux de l'abbaye de Saint-Germain-des-Prés. Ces religieux coupèrent un morceau de la relique, dont ils firent présent à M. Hugues Jaunou, prêtre, ancien obédiencier de l'Eglise collégiale de Saint-Just à Lyon, lequel donna cette relique, à sa mort, à M. de la Chétardie, curé de Saint-Sulpice. Ce dernier, enfin, avec le consentement de M. le cardinal de Noailles, archevêque de Paris, la remit aux prêtres du Mont-Valérien (1).

La révolution de juillet 1830 vint à nouveau tout saccager au Calvaire et l'Etat ayant repris possession des biens des Pères, le Mont-Valérien demeura dix ans durant abandonné et silencieux.

En 1840, la colline, qui jusque là avait été vouée au culte, fut destinée à recevoir un fort. Les travaux que nécessitèrent ce projet durèrent jusqu'en 1844. L'ancien couvent est devenu une véritable ville militaire qui se divise en bâtiments comme suit : Une caserne d'infanterie, une caserne d'artillerie, des magasins de

---

(1) Pèlerinage du Calvaire.

Le Moulin des Gibets

(Page 28)

munitions et d'approvisionnements, l'ancien couvent occupé par les officiers, une chapelle, une cartoucherie où eut lieu récemment une terrible explosion, des ateliers pour la fabrication des engins; enfin l'habitation du commandant qui n'est autre que l'ancienne maison de campagne de Monseigneur de Québec, archevêque de Paris. Le tout enclos d'une double enceinte fortifiée. Il ne faut omettre dans cette enceinte, l'ancien cimetière qui a été respecté où reposent entr' autres, Guillemette Fossart, la comtesse Anne de Tolstoy, née princesse Bariatinski, Jean-Baptiste Jolivet, dernier ermite du mont.

Le fort du Mont-Valérien a prouvé son importance stratégique durant la guerre franco-allemande de 1870. Le 17 et le 18 septembre, le canon défend Colombes et Gennevilliers de l'envahissement allemand, le 26 du même mois, il tire sur l'ennemi campé à Saint-Cloud; le 14 et le 26 octobre, il allume l'incendie du château de Saint-Cloud et couvre de son feu l'orangerie où l'on croyait que l'état-major prussien tenait son poste; entre temps, le 20, il anéantit les batteries allemandes de la Malmaison et force l'ennemi à se replier sur Bougival. Le 19 janvier 1871, enfin, il appuie le général Vinoy qui force Montretout.

Pendant la Commune, également, le canon du Mont-Valérien joue son rôle; c'est ainsi que le avril, il décime l'armée des fédérés à Courbevoie, que du 7 avril au 30 mai, il tonne sur Neuilly et Paris.

En somme, le Mont-Valérien a vomi sans relâche obus et boulets, sans qu'aucun projectile ait pu l'atteindre.

Reprenant notre course, nous descendons la route de Paris dans la direction de Nanterre.

A notre gauche sur le versant du Mont-Valérien au milieu du tapis de champs cultivés, nous voyons un petit groupe de bâtiments, d'allure quelque peu féodale qui tranche agréablement avec les maisons qui sont éparses au bord de la route et détache sur le ciel une coquette silhouette. C'est le Moulin des Gibets, ainsi dénommé parce qu'autrefois s'érigeaient à cette place les gibets des seigneurs de Nanterre. Il renferme, prétend-on aujourd'hui, des curiosités d'art(1). A main droite, un joli panorama se déroule à nos yeux; nous distinguons : Argenteuil, Bezons, Cormeilles, Eaubonne, etc.

---

(1) Voir le faux-titre et les gravures pages 22 et 26.

NANTERRE

Rond-Point de la Boule-Royale

Le Rond-Point de la Boule, où nous arrivons, était autrefois le point de relais des diligences et courriers de Paris à Cherbourg par Saint-Germain-en-Laye. Tout à l'entour de cette place étaient une foule de cabarets et auberges dont la plus grande partie avait pris pour enseigne une boule, parcequ'au centre du carrefour on avait installé un jeu de boule fort en renom alors et très fréquenté. La plus réputée de ces auberges était celle de la Boule-Royale, qui occupait l'emplacement où se trouve aujourd'hui une fabrique d'eau de javel, et qui légua son nom au Rond-Point.

La Ville et l'Eglise

S'il faut en croire l'abbé Lebeuf, Nanterre compterait parmi les plus anciens lieux du diocèse de Paris. En tous cas, il est connu d'une manière absolument certaine depuis le Ve siècle où nous le trouvons sous le nom de Nemetedorum. Cette dénomination nous enseigne que les Gaulois avaient consacré ce lieu (1).

Et voici comment un endroit voué à un culte antique devint un lieu de culte moderne.

En l'an 429, Saint-Germain, évêque d'Auxerre, se rendant en Grande-Bretagne où l'envoyaient les évêques de l'église gallicane s'arrêta à son passage à Nanterre : « Saint Germain y passant,
« y discerna la fille de Sévère, habitant de ce
« lieu, parmi la multitude de personnes qui
« s'étaient rassemblées pour le voir, avec Saint
« Loup, évêque de Troyes. Il la fit approcher,
« la mena à l'église où il récita les prières de
« nones et de vêpres : et, le lendemain, il
« lui fit déclarer, ainsi qu'elle le lui avait
« promis la veille, qu'elle désirait embrasser
« l'institut des Vierges chrétiennes : il l'affermit
« dans cette résolution, et lui donna une pièce
« de cuivre, où était gravée la figure de la

---

(1) On sait que tous les noms géographiques, commençant par la racine *Nem*, indiquent des sanctuaires; tels *Nemosus*, Nîmes; *Nemctacum*, Arras; *Namnetes*, Nantes, etc., désignent tous un lieu consacré à une divinité quelconque :
Nomine vermetis voluit vocitare vetustas
Quod quasi fanum ingems gallica lingua refert
a dit le poète Fortunat, qui écrivait, à l'époque où le celtique était encore en vigueur, au sujet du mot *Vernemetis*, que *Nemetes* signifie *fanum*, lieu sacré. (Dulaure).

« croix, lui disant de la porter à son cou, au
« lieu de ces colliers que les filles mondaines
« portaient » (1). Et Saint Germain affirma, parait-il, aux parents de la jeune fille que le jour de sa naissance, les anges en avaient été si joyeux qu'ils avaient fait une grande fête dans le ciel.

Lorsque Geneviève mourut il s'opéra quantité de miracles sur son tombeau. On érigea aussitôt une chapelle et la jeune pastourelle fut déclarée sainte. La ville de Paris se mit sous sa protection en la prenant pour patronne (2).

Un poète du XIIIe siècle raconte un de ces miracles : « La mère de Geneviève ayant voulu
« empêcher sa fille d'aller à l'église où l'atten-
« dait Saint-Germain, fut soudain frappée de
« cécité, elle en guérit cependant par la grâce
« de Dieu. »

Cette guérison fut l'origine des pèlerinages que venaient faire à Nanterre les personnes affligées en quête de consolations.

Jusque vers 591, il n'est plus fait mention de Nanterre. A cette époque Clotaire II y fut

---

(1) L'abbé Lebeuf, *Histoire du diocèse de Paris*.

(2) **Sainte Geneviève.** — Quand Attila envahit la Gaule, elle rassura les Parisiens effrayés, leur affirmant que les Huns n'assiègeraient pas leur ville. La prédiction s'accomplit. Quelques années après, elle sauve Paris d'une disette, et l'on croit qu'elle contribua à la conversion de Clovis. Le 3 Janvier une neuvaine commence à Paris en l'église Sainte-Geneviève.

baptisé par Gontrand qui lui adressa ces paroles : « Croissez, mon enfant, rendez vous digne du « grand nom que vous portez et devenez aussi « puissant que Clotaire. » Par une bulle d'Alexandre III on voit que Nanterre appartenait en 1163 à l'église Sainte-Geneviève de Paris (1) ; en 1223, l'abbaye de Sainte-Geneviève était en contestation avec celle de Saint-Germain-des-Prés au sujet de la dîme d'un canton de Nanterre.

Les habitants en étaient encore astreints à un droit singulier envers le maréchal de France : « Ils lui devaient chaque année le jour de la Saint- « Jean, trois sous pour son droit de maréchaus-

---

(1) L'église actuelle de Paris fut ordonnée par le roi Louis XV, en 1757, par suite d'un vœu fait durant sa maladie, à Metz, en 1744, et pour remplacer l'ancienne église qui menaçait ruine. Soufflot en dressa les plans et dirigea la construction. Le 4 Avril 1791, l'Assemblée Constituante, à l'occasion de la mort de Mirabeau, décrète que l'église Sainte-Geneviève serait destinée à recevoir la sépulture des Hommes Illustres. Le monument fut alors appelé : Panthéon Français. Le Panthéon dut être rendu au culte catholique en vertu d'un décret du 20 Février 1806, qui demeura sans exécution. Une ordonnance royale, dans le même but, publiée en 1821 fut exécutée en 1822. En 1830 Louis-Philippe Ier convertit à nouveau Sainte-Geneviève en Panthéon Français. Puis un décret du 22 Mars 1852 la restitua à la patronne de Paris. Enfin un dernier décret, tout récent, en date du 26 Mai 1885 a désaffecté, pour la dernière fois l'église Sainte-Geneviève de sa destination religieuse; à l'occasion de la mort de Victor Hugo.

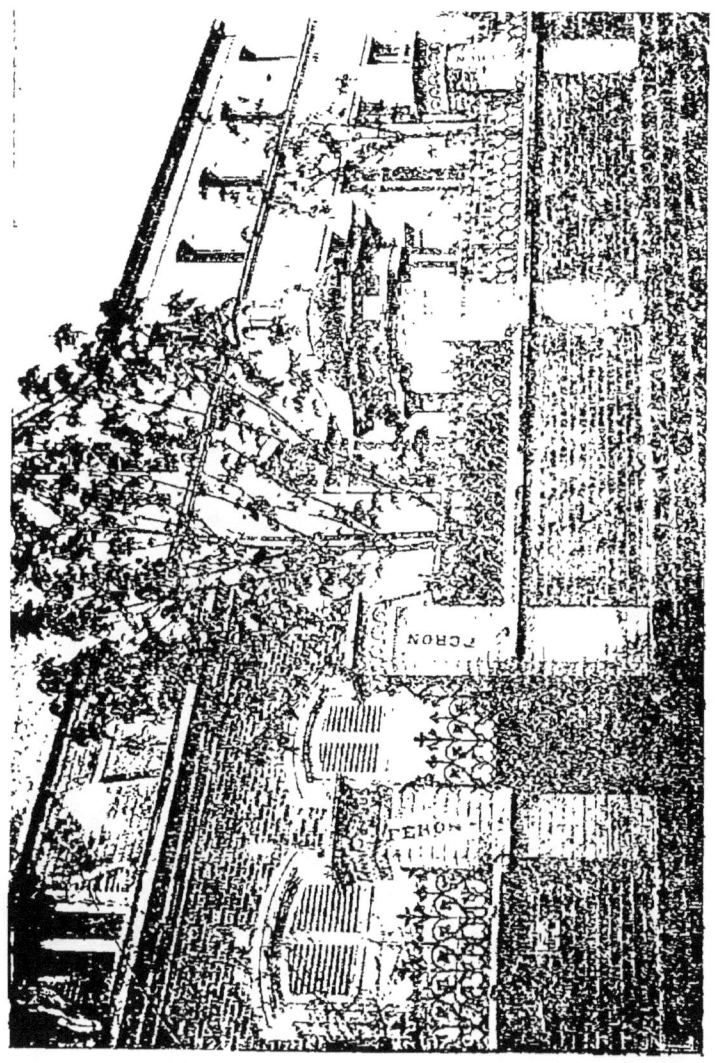

NANTERRE — Puits et Chapelle du Cellier Sainte-Geneviève

(Page 34)

« sée ; outre cela, tous généralement, excepté
« les hôtes de l'abbaye demeurant dans le
« cimetière, devaient au même maréchal de
« France, le lendemain de Pâques, un denier et
« un pain de la grandeur du pied d'un che-
« val. *Unum panem ad magnitudinem pedis
« equi* (1). »

En 1346 les Anglais, de même qu'ils l'avaient fait pour Saint-Germain-en-Laye, prirent et brûlèrent Nanterre. Ils y revinrent en 1411 unis, cette fois, aux Armagnacs pour se livrer à des actes de cruauté féroce : « Pendant les uns,
« noyant les autres, ou exigeant des malheu-
« reux habitants plus de rançon qu'ils n'avaient
« de biens », dit l'auteur de *La Vie de
« Charles VI* (2). »

Nanterre, autrefois, possédait deux églises, la paroisse qui est du titre de Saint-Maurice et la chapelle de Sainte-Geneviève. Cette dernière, suivant la tradition, était située à la place de la demeure des parents de la sainte. Au milieu était un puits qui servait au ménage de la famille, l'eau qu'on en tirait avait la réputation de faire des miracles. Le peuple s'en venait abreuver ou en remplissait un baquet de pierre auquel étaient attachées avec une chaîne deux grandes cuillers de fer, où les dévots buvaient

---

(1) *Histoire du diocèse de Paris*, abbé Lebeuf.
(2) Le Laboureur, *Histoire de Charles VI*.

à longs traits (1). En 1590, dit l'abbé Lebeuf, l'eau du puits opéra un prodige sur les cheveux du marquis de Soubise et fit merveille sur un gentilhomme huguenot.

Louis XIII, revenant de Savoie, où il avait contracté une maladie grave en 1630, vint à la chapelle et fut guéri. La Reine, son épouse, qui souhaitait ardemment avoir un héritier, et avait à cet effet, fait bien des vœux dans plusieurs églises vint le 3 janvier 1636, dans la chapelle de Sainte-Geneviève y faire ses dévotions et laissa des présents de linge et d'argenterie.

Le puits subsiste encore de nos jours, mais l'église fut détruite par la Révolution. On montre aujourd'hui, dans le terrain, propriété de l'archevêché de Paris, coquettement enclavés d'une grille, le puits et le cellier souterrain où se trouve une petite chapelle. La tradition veut, en outre, qu'il y ait eu une seconde chapelle, très petite, de Sainte-Geneviève, sur le chemin de Chatou, fort en dehors du bourg, à l'endroit où la sainte faisait paître les troupeaux de son père. On érigea plus tard, quand la dite chapelle disparut, une croix de bois, pour en perpétuer le souvenir.

L'église paroissiale de Saint-Maurice qui est auprès de celle où l'on peut voir le fameux puits, n'offre pas grand caractère. Une tour qui s'élève

---

(1) Dulaure.

NANTERRE — Église Saint-Maurice

(Page 34)

au midi date de la fin du XIIIᵉ et du commencement du XIVᵉ siècle. Le sanctuaire assez joli est du XVᵉ siècle. A l'intérieur sur la paroi gauche de l'autel de bas côté consacré à la patronne de Paris, se trouve le tombeau de Le Roy, horloger de Louis XVI, portant sous un médaillon de bronze l'inscription suivante, de chaque côté de laquelle sont deux panneaux de bois sculptés :

PERTRANSIT BENEFICIANDO
—

ICI ATTEND LA RÉSURRECTION BIENHEUREUSE
CHARLES LE ROY
HORLOGER A PARIS, BOURGEOIS A NANTERRE
DÉCÉDÉ LE 20 OCTOBRE 1771, AGÉ DE 62 ANS.
LA RELIGION PERD
UN DE SES PLUS FIDÈLES DISCIPLES.
ANIMÉ DE SON ESPRIT, IL EN RÉVÉRAIT
LES MYSTÈRES.
IL EN CONNAISSAIT LES VRAIES MAXIMES
ET LES RÉDUISAIT EN PRATIQUE.
LA RELIGION PERD
UN MODÈLE ÉDIFIANT DE FERVEUR ET DE PIÉTÉ.
LES PAUVRES ET LES MALHEUREUX
UNE RESSOURCE ET UN CONSOLATEUR.

LA PAROISSE
UN HOMME EXEMPLAIRE
QUI RÉUNISSAIT TOUTES LES VERTUS CIVILES
ET MORALES,
UN HOMME OBLIGEANT
QUI NE CHERCHAIT QU'A FAIRE DU BIEN.
LA JEUNESSE CHRÉTIENNE
UNE JOIE QUI L'ENCOURAGEAIT A LA SCIENCE
ET A LA VERTU.
PAR SES BIENFAITS DE DIFFÉRENTS GENRES
QU'IL REPOSE EN PAIX

Suivant un contrat passé par Me Dallichange, notaire, le 13 juillet 1764, il doit être dit pour lui à perpétuité un De Profundis *le mardi de la Quinquagésime issue de la messe du Saint-Sacrement, et le soir, issue des Vêpres, un autre* De Profundis *pour Marie-Madeleine Berchet, son épouse, décédée à Paris le 8 avril 1776, comme ayant contribué à la fondation des prières de XI heures pour ces trois jours.*

Hocce amoris et reverentiæ monumentum
Plaudante pago posuerunt
Mœrentes filii 1778

A côté u.. ..tre inscription nous apprend que le fils d. .. .. Nicolas Le Roy, d'abord « avocat a.. .. .. de Paris, lieu de sa

« naissance, et ensuite prêtre, est mort en cette
« ville (Nanterre) le 24 juillet 1803, âgé de
« 67 ans, etc. » a légué au Bureau de bienfaisance une rente de 200 francs.

En conséquence une messe est dite le jour anniversaire de sa mort.

Mentionnons encore, avant de sortir, un fort beau chemin de croix en argent signé L. Oudry, éditeur, qui s'échelonne dans les bas-côtés et un baptistaire en bronze de mauvais goût.

Le frontispice de l'église qui porte la date erronée de 1693 a été en réalité terminé en 1638.

Nanterre était jadis un bourg redoutablement entouré de murs flanqués de tours, mais depuis la Révolution ces fortifications furent remplacées par des avenues plantées d'arbres.

En 1815 un engagement des plus violents où un bataillon prussien fut littéralement haché par les troupes françaises illustra Nanterre qui est aujourd'hui un chef-lieu de canton du département de la Seine, arrondissement de Saint-Denis et compte une brigade de gendarmerie et une maison de répression ; sa population est de 5,592 habitants environ.

Revenus au point où nous avons quitté le chemin de Paris, c'est-à-dire au Rond-Point de la Boule, nous continuons notre marche vers Rueil.

A partir d'ici la route, qui prend sa vraie dénomination de route de Cherbourg, change d'aspect du tout au tout. Aux masures crasseuses et noirâtres que nous avons rencontré depuis la Défense vont succéder de coquettes villas fleuries et de magnifiques propriétés.

A notre gauche nous rencontrerons la borne kilométrique qui en comptant 13,000 mètres depuis le parvis Notre-Dame de Paris, marque en même temps la limite des deux départements de la Seine et de Seine-et-Oise.

CHAPITRE II

RUEIL — MALMAISON — LA JONCHÈRE

RUEIL
Le Château — L'Eglise
Le Bois-Préau

En entrant en cette ville par l'avenue de Paris, nous rencontrons à notre gauche, un peu avant l'octroi, un asile de vieillards de fondation récente. 1891 ; l'usine à gaz, qui date de 1855 ; puis la caserne, vaste bâtiment composé de trois corps de logis précédés d'une esplanade fermée d'une grille. Cette caserne a remplacé durant l'Empire, l'ancienne qui avait été construite d'après les plans dictés par le cardinal de Richelieu ; ainsi que celle de

Courbevoie, elle fut, en 1814, convertie en hôpital militaire pour recevoir les soldats russes blessés sous les murs de Paris ; en 1815 elle fut occupée par les troupes prussiennes et ensuite elle l'a été par les gardes suisses. Elle peut contenir environ deux mille hommes. Le 16e bataillon d'artillerie de forteresse y est aujourd'hui caserné.

Les origines de Rueil et de même l'étymologie du nom sont quelque peu confuses. MM. de Vallois et Piganiol de la Force soutiennent que c'est bien là le « Rotalajum ou Rotalagensis, villa » dont parle Grégoire de Tours, et par cela le lieu où les rois de « la première race » ont eu leur première maison de campagne. Mais si, comme le prétend Sauval, cela veut dire Roule, le village de Rueil n'a aucun droit à se prétendre d'aussi haute antiquité.

Il est certain cependant qu'il y avait anciennement des bois considérables à Rueil que les premiers rois de France firent couper en partie pour s'y faire bâtir un château, d'où ils allaient chasser dans les forêts contiguës. Dans quelques chartes, le même lieu, situé dans le pays appelé Pincerais, porte les noms de « Riolium », « Riolius » et « Riogilus ». En outre, lorsqu'en 817 l'Empereur Louis-le-Débonnaire donna à l'abbaye de Saint-Germain-des-Prés une pêcherie située sur les bords de la Seine, nous trouvons le nom de « Rioilus ». Bref, les annotateurs, quoiqu'il en soit, traduisent Ruel.

En 840, Charles II, dit le Chauve, transférant à Saint-Denis la foire du lendit fit don à l'abbaye de cette ville de Ruel (villa Riogilum) et toutes ses dépendances, à la condition que les moines de Saint-Denis feraient, après sa mort, brûler nuit et jour, devant l'autel de la Sainte-Trinité, sept luminaires : un pour son père Louis, un autre pour sa mère Judith, un troisième pour lui-même, un quatrième pour Hyrmintrude, autrefois son épouse ; le cinquième pour sa femme Richilde, reine ; le sixième pour tous ses enfants, morts ou vivants, et le septième pour Boson et Widon et ses autres familiers (1).

Dès cette époque l'abbaye de Saint-Denis fit des augmentations considérables à la terre de Ruel ; c'était un domaine de toute beauté, lorsqu'en 1346 les troupes du Prince Noir l'incendièrent, le ravagèrent et — détruisant les quelques monuments que l'on suppose — réduisirent la ville à la plus grande pauvreté et l'oubli plusieurs siècles durant.

Mais avec le dix-septième siècle, voici venir le réveil, et quel réveil ! C'est pour Ruel le signal d'une ère de magnificence.

---

(1) Dulaure.

Le Château

Un financier, Jean Moisset, dit Montauban, possédait à Ruel le château du Val qu'il avait acheté à Pierre de la Bruyère, conseiller du roi Henri IV, le 21 juin 1606 moyennant une somme de quarante-six mille livres (1). Ce Moisset, tailleur de son premier état, était parvenu au poste de trésorier de l'Argenterie. En 1604 il avait été nommé commissaire général pour la recette et le payement des rentes de la Ville; la même année on lui conféra des lettres de noblesse. Ruel devint de son vivant une résidence somptueuse où la Cour se plaisait à venir lorsqu'elle se transportait à Saint-Germain ou chassait aux environs. Mais Moisset inspirait une aversion invincible, il eut en conséquence beaucoup à souffrir de vexations qui allèrent jusqu'à l'emprisonnement (2). Néanmoins il se sortit toujours d'affaire, et lorsqu'il mourut (25 août 1620) il était fermier général des gabelles. Son légataire, Pierre Payen, se trouvait à peine possesseur de Ruel, quand cette terre fut saisie à la requête d'un sieur de

---

(1) *Le Château de Ruel et ses Jardins*, par A. Cramail.
(2) *Ruel, etc.*, par A. Cramail.

Bray, par décret du 26 août 1633 ; ensuite la Cour des Aides en prononça l'adjudication en faveur du cardinal de Richelieu, au chiffre de 147,000 livres. Le 27 décembre 1633, le prieur des Roches, au nom du cardinal, prit l'engagement de payer cette somme, mais elle ne fut acquittée qu'en 1635. Richelieu cependant habita Ruel dès 1633 et le roi Louis XIII lui rendit souventes fois visite ; la proximité de Saint-Germain, où habitait la Cour, avait d'ailleurs déterminé le cardinal à choisir la maison de Moisset pour demeure. Le château devint, comme d'un coup de baguette, une véritable magnificence en quoi il surpassait toutes les maisons royales alors existantes. C'est dans le parc de Ruel que l'on vit pour la première fois des cascades. Il y en eut de splendides dont le murmure s'entendait, dit-on, dans la forêt au loin. Le père Rapin, de la Société de Jésus, a chanté en vers latins la splendeur des jardins de Ruel. S'il faut en croire un mémoire quelque peu outré de la duchesse d'Aiguillon, les frais d'agrandissements, d'embellissements, etc... du château et du parc s'élevèrent à une somme considérable, un million cent soixante-dix-neuf livres. La célèbre grotte de la Baleine avait, à elle seule, coûté cinquante mille livres. En somme, château, jardins, parc, pelouses, statues, ombrages, « jeux d'eau », bassins et cascades qu'aucune splendeur ne pouvait égaler, tout était grandiose et prêtait un cadre féérique aux fêtes et réceptions que le cardinal-ministre y donna.

C'est dans une salle du château de Ruel que fut jugé et condamné le maréchal de Marillac, en 1632. Marillac était un petit gentilhomme; il avait servi sous Henri IV. Après avoir été le précepteur militaire du maréchal d'Ancre, il fut maréchal de camp, chargé en 1620 au siège de la Rochelle, des travaux de la digue. Maréchal de France en 1629, Marillac, dit le père Lemoine, était un des principaux agents de la faction qui allait faire entrer Monsieur dans le Royaume les armes à la main. Ses malversations et la nécessité d'intimider les partisans de la Reine décidèrent de son sort. Le cardinal ayant triomphé de ses adversaires à la journée dite « des Dupes », Marillac fut arrêté au milieu de l'armée qu'il commandait en Piémont, amené à Ruel, accusé de concussion, condamné et décapité. Dans son testament politique Richelieu dit: « Vous (le Roi) fîtes trancher la tête au maré- « chal de Marillac avec d'autant plus de raison « qu'ayant été condamné en justice la constitu- « tion présente de l'Etat requérait un grand « exemple ».

C'est à Ruel que furent autorisés les statuts de l'Académie française, 1635 (1).

---

(1) *Ruel, etc.*, par A. Cramail.

La même année Louis XIII y conclut un traité avec la ville de Colmar par lequel le Roi prend cette ville en protection (1er août 1635.)

1638. Le 18 décembre de cette année mourut à Ruel le Père Joseph, dit « l'Eminence Grise », à l'âge de soixante et un ans. François Leclerc du Tremblay, baron Masflée, avait été dans sa jeunesse un brillant seigneur et un guerrier apprécié. C'est lui qui fut envoyé en 1629 à la diète de Ratisbonne pour exciter les princes allemands contre l'empereur Ferdinand II et lui faire imposer le renvoi de Wallenstein et le licenciement de son armée. Directeur du département des affaires étrangères depuis 1635, ce fut lui qui rassura Richelieu après la prise de Corbie (1636). Il était entré dans les ordres à dix-neuf ans. Quand le cardinal apprit sa mort, il s'écria : « J'ai perdu mon bras droit. »

A la même époque, Ruel vit mourir un singulier personnage. Zaga Christ qui se disait roi d'Ethiopie. Fils d'un roi d'Abyssinie mort dans une guerre civile, Zaga Christ, racontent les mémoires du temps, rassembla autour de lui tous les mécontents et entama une nouvelle guerre pour reconquérir son trône. Il avait alors dix-huit ans. Il fut malheureusement vaincu et après s'être réfugié en Egypte, passa à Jérusalem d'où il échoua à Rome. Là il fit la connaissance du duc de Créqui, qui l'emmena à Paris et le présenta au Roi, au cardinal de Richelieu et au Père Joseph. Zaga Christ aussitôt, avec toute la fougue qui le caractérisait, se mêla ardemment aux intrigues de Cour et à toutes les aventures de l'époque. Il mourut trois ans après sa venue en France, à l'âge de vingt-huit ans. Il fut enterré dans l'église et l'on grava sur son tombeau l'épitaphe suivante :

> *Ci gist du Roi d'Ethiopie*
> *L'original ou la copie ;*
> *La mort a vuidé les débats,*
> *S'il fut Roi ou s'il ne le fut pas.*

Le cardinal de Richelieu qui était souffrant depuis quelque temps déjà, voulut faire un effort en allant retrouver le Roi à Fontainebleau, mais il eut en route un accès de fièvre et revint en hâte à Paris. Il expira le jeudi 4 décembre 1642, à l'âge de cinquante-sept ans.

Il légua à sa nièce la duchesse d'Aiguillon, son château de Ruel et les dépendances. La duchesse se plut à y demeurer et y reçut plusieurs fois la visite de la Reine Anne d'Autriche. En conséquence les fêtes reprirent de plus belle. Les plus beaux esprits, les poètes, les artistes talons rouges et collerettes contribuaient au divertissement de la noble société. Mais une agitation soudaine des esprits vient à nouveau tout ralentir. La guerre civile gronde ; elle éclate en effet par la journée des Barricades, le 26 août 1648. La Reine se réfugie à Ruel avec le Roi, où Mme d'Aiguillon lui donne l'hospitalité avec magnificence.

1649. Le 12 mars de cette année, la paix fut, après bien des pourparlers, signée à Ruel.

Le Roi Louis XIV, que les splendeurs du château de la duchesse d'Aiguillon importunaient, envieux et jaloux, fit demander par son ministre Colbert à la nièce de Richelieu de consentir à lui vendre. Ce à quoi la duchesse répondit en ces termes :

« Je ne puis jamais témoigner mon obéissance
« dans une occasion qui marque mieux mon
« respect infini pour les volontés de Sa Majesté
« qu'au sujet dont il s'agit n'ayant jamais pensé
« à vendre Ruel, ni jamais pensé qu'il fut
« jamais vendu.

« J'avoue qu'il m'est cher par bien des consi-
« dérations ; les dépenses excessives que j'y ai
« faites font connaître l'affection et l'attachement
« que j'y ai toujours eus ; mais le sacrifice que
« je ferai en sera plus grand ; j'espère qu'étant
« présenté par vos mains vous en ferez valoir
« le mérite.

« *Le Roi est le maître et celui qui m'a donné*
« *Ruel a si bien appris à toute la France,*
« *l'obéissance qu'elle lui doit, que Sa Majesté*
« *ne doit pas douter de la mienne ;* voici le mé-
« moire que vous avez ordonné. Permettez-moi
« de vous dire encore qu'excepté le Roi et la
« Reine, Ruel n'aura pas de prix à mon égard.

« Faites-moi l'honneur de me croire, etc. »

Le château de Ruel demeura donc à la duchesse d'Aiguillon. Le Roi, qui fit bâtir Versailles, envoya à Ruel Le Nôtre, pour y étudier les cascades et les reproduire au château royal.

La duchesse d'Aiguillon mourut en 1675, le 17 avril, léguant son domaine, ainsi que l'avait voulu le cardinal, à Armand-Jean de Vignerod du Plessis, duc de Richelieu, son neveu. A la mort de celui-ci, Louise Félicité, douairière d'Aiguillon, habita Ruel où s'était retiré La Du Barry pendant l'agonie de Louis XV. Mais le quatorze pluviôse de l'an deuxième de la République, en vertu d'un ordre émané du comité de sûreté générale et de surveillance, la citoyenne d'Aiguillon fut arrêtée et le château séquestré. L'année suivante il fut mis en adjudication. De vente en vente Ruel échu le 5 octobre 1800 au général Masséna, le vainqueur de Rivoli et de Zurich, qui lui rendit pour un temps son ancien éclat. Ce domaine resta trente-deux ans dans la famille Masséna, puis fut acquis enfin par les Lemaric. Aujourd'hui, il n'en reste plus rien ; les deux collines sur lesquelles s'étendaient le parc ont été rendues à la culture ; plus de cent villas, châlets, propriétés de toutes sortes ont effacé la trace de cette époque magnifique. De souvenir du cardinal de Richelieu, il ne reste que son nom donné à une rue et à une fontaine.

Depuis la mort du cardinal, la ville de Ruel perdit de son importance. Du vivant du ministre,

RUEIL — Église Saint-Pierre et Saint-Paul

(Page 43)

la plupart des affaires gouvernementales se traitant à Saint-Germain et à Ruel, cette dernière ville s'était peu à peu peuplée de membres du conseil et des notables. Richelieu n'existant plus, l'éclat que ses héritiers donnèrent à son château ne fut que mondain ; au point de vue administratif Ruel était mort. En 1815, les troupes de la coalition dévastèrent la ville et, qui dirait en passant par les rues de Ruel aujourd'hui, qu'elle a joué un si grand rôle dans notre histoire ? Malgré cela, elle a gardé en son aspect quelque peu provincial une certaine coquetterie qui y attire bien des Parisiens en villégiature.

Eglise

Dévions à présent de notre chemin ; nous quittons l'avenue de Paris et par la rue de Maurepas, qu'à tort on a cru ainsi baptisée, du nom du fameux ministre, et la rue de l'Hôtel-de-Ville, nous arrivons sur la place de l'Eglise : faisons-y halte un moment pour contempler ce monument et remontant dans le passé, raconter son histoire.

1584. La première pierre de l'Eglise Saint-Pierre et Saint-Paul fut posée par Dom

Antoine (1), premier du nom, dix-huitième roi de Portugal et ses deux fils Dom Emmanuel et Christophe, ainsi qu'il était possible de le lire sur un des piliers de la nef. A vrai dire le monument actuel date du second Empire, mais la restauration scrupuleuse a respecté le plan original.

Du chevet au portail l'église mesure 40 mètres de longueur; dans sa plus grande largeur on compte 19 mètres 60 cent. Le portail principal d'ordre ionique et dorique, en tous points semblable à celui de la chapelle de la Sorbonne à Paris, est l'œuvre de l'architecte Lemercier (2), il fait face à l'occident en telle sorte que l'officiant à l'autel regarde l'orient. Ce portail jusqu'à la Révolution était surmonté des armes de

---

(1) **Dom Antoine**, duc de Béja, grand prieur de Crato (ordre de Malte), né en 1531, était fils naturel de l'Infant Don Luis, deuxième fils d'Emmanuel le Fortuné. Prisonnier des Maures à Alcaçar-Quivir en 1578 et racheté sans que sa naissance ait été connue, il se fit proclamer à la mort du roi cardinal Henri, 1580, en même temps que son compétiteur Philippe II d'Espagne, petit-fils d'Emmanuel par sa mère, chargeait le duc d'Albe de s'emparer du pays. Vaincu à Alcantara, et forcé de quitter le Portugal, le prieur entreprit en vain, avec des secours de Catherine de Médicis (1582) et d'Elisabeth (1583), deux expéditions qui échouèrent. Il mourut à Paris en 1595, âgé de soixante-quatre ans. (Riquier).

(2) **Lemercier (Jacques)**, architecte, né à Pontoise vers 1585, mort en 1654; fut chargé par le cardinal de Richelieu d'élever la Sorbonne et le Palais-Cardinal

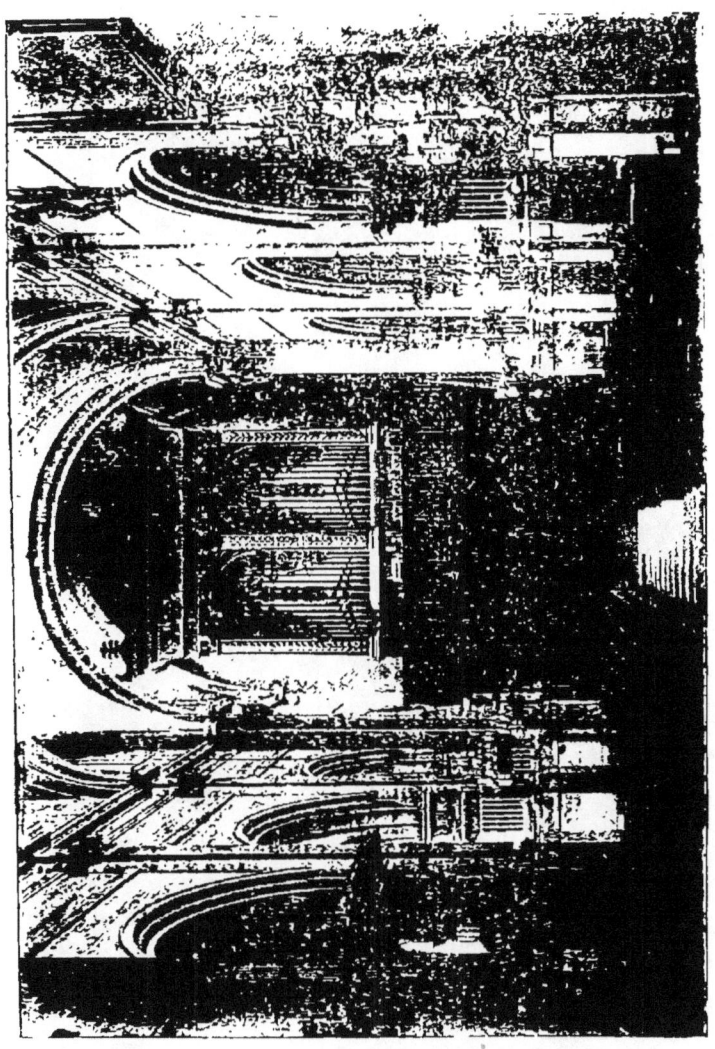

RUEIL — Église, Orgues de Baccio d'Aglono, xvᵉ siècle

(Page 51)

Richelieu ; aujourd'hui, seules les deux images de Saint-Pierre et Saint-Paul sont demeurées, mais combien mutilées. Au dessus du deuxième portail, côté nord, sont gravées les dates : 1603-1857.

Pénétrons à l'intérieur. La nef, les bas côtés et le chœur en style de la Renaissance, le transept du XIVe siècle, et le clocher roman, sont tels qu'avant la restauration. C'est Lacroix (1) que l'Empereur Napoléon III chargea de ce faire et le résultat fait honneur à l'architecte qui a respecté scrupuleusement les plans et l'apparence primitive.

Les grandes orgues de tribune, ouvrage

(Palais-Royal). Il construisit aussi des portails les églises de Ruel et de Bagnolet, acheva l'église de l'Oratoire de la rue Saint-Honoré, à Paris, commencée par Metezeau, bâtit celle de l'Annonciade, à Tours, et le château de Richelieu. Il n'eut pas le temps de terminer l'église de Saint-Roch, commencée en 1653. On lui doit enfin l'aile du Louvre à droite du Pavillon de l'Horloge et la partie supérieure de ce pavillon. En général, son style est lourd ; cependant il y a souvent de l'imagination et de la grandeur dans ses compositions. (Bachelet).

(1) **Lacroix** (Paul-Joseph-Eugène), architecte français, né à Paris le 19 Mars 1814, fils de la nourrice du prince Louis-Napoléon. Elève de l'Ecole des Beaux-Arts sous la direction de M. Constant-Dufaux, architecte de l'Elysée Impérial, des Tuileries, et inspecteur des Châteaux de la Couronne, il fut désigné pour restaurer l'Hôtel-de-Ville de Saint-Quentin. Décoré en 1859, il a laissé une foule de projets et dessins remarquables.

curieux d'un florentin, furent données à l'église par l'Empereur sur la prière de M. Cramail père, alors maire de Ruel. Elles portent l'inscription suivante :

« Ouvrage du sculpteur florentin Baccio d'Agnolo (1), exécuté à la fin du xve siècle pour l'église Sainte-Marie-Nouvelle de Florence. Acquis en MDCCCLXIII et donné à l'église de Rueil par l'Empereur Napoléon III ».

De conception originale, non exemptes de beauté, mais lourdes quelque peu et fatiguantes par leur complication ornementale, ces orgues ont remplacé celles de l'époque de Richelieu qui avaient coûté, dit-on, 45,000 livres.

A droite du chœur, nous voyons le tombeau de l'Impératrice Joséphine. Tout de marbre blanc, il abrite sous une coupole soutenue par quatre colonnes ioniques une statue de l'impératrice agenouillée devant un prie-dieu. Ce monument, sans grand caractère, fut construit par Gilet et Dubuc. La statue, d'un joli mouvement, est due au ciseau de Cartellier. On lit gravée sur le sarcophage l'inscription :

---

(1) **Agnolo (Baccio d')**, sculpteur et architecte de Florence, né en 1460, mort en 1543. Réunissait dans son atelier de menuiserie Raphaël, Michel-Ange, etc... Il a construit le palais Bertolini et d'autres monuments à Florence, et ses sculptures en bois y décorent les palais Lanfredino, Tadderet et Bergherini.

ÉGLISE DE RUEIL
Tombeau de l'Impératrice Joséphine

(Page 52)

A JOSÉPHINE
EUGÈNE ET HORTENSE
1825

Signalons en passant le tombeau du comte Tascher de la Pagerie, de peu d'importance.

A gauche du chœur, le tombeau de la Reine Hortense élevé par Napoléon III à la mémoire de sa mère. Faisant pendant à celui de Joséphine et à peu près semblable, il diffère cependant par ceci qu'au-dessus de la reine à genoux, un ange remarquable, plane, les ailes largement déployées. Le sculpteur Auguste Barre en est l'auteur. L'inscription porte :

A LA REINE HORTENSE
SON FILS NAPOLÉON III

Mais les cendres de la Reine sont renfermées dans un caveau qui se trouve dans une petite crypte romane sous le tombeau. Nous y descendons par un escalier de pierre, fermé en haut d'un petit balustre de fer et menant à une grille, également en fer qui s'ouvre sur la crypte. Ce réduit souterrain qui servait autrefois de sépulture aux Choart, seigneurs de Buzenval, fut reconstruit de 1857 à 1863 pour la translation des restes de la Reine. Le sarcophage est placé au fond sous une voûte, que remplit le manteau royal développé, sur les plis duquel s'étale une palme dorée, au milieu d'abeilles et de branches de lierre.

Sur le fronton est l'inscription suivante :

HORTENSE EUGÉNIE DE BEAUHARNAIS
DUCHESSE DE SAINT-LEU — REINE DE HOLLANDE
NÉE A PARIS LE 10 AVRIL 1783
FILLE DU PREMIER LIT DE MARIE-ROSE JOSÉPHINE
TASCHER DE LA PAGERIE
IMPÉRATRICE DES FRANÇAIS
ET DU VICOMTE ALEXANDRE DE BEAUHARNAIS
BELLE-FILLE ET BELLE-SŒUR DE NAPOLÉON Ier
EMPEREUR DES FRANÇAIS
MARIÉE A PARIS LE 3 JANVIER 1802
A LOUIS NAPOLÉON, ROI DE HOLLANDE
DÉCÉDÉE EN SON CHATEAU D'AREMBERG
LE 5 OCTOBRE 1837

En remontant à la lumière nous voyons quelques couronnes éparses sur les marches.

Le maître-autel est décoré à son fronton d'un rétable bas-relief en bronze doré d'une belle exécution provenant de la chapelle de la Malmaison et représentant une « mise au tombeau ».

L'église de Rueil possède une cloche, don de l'Empereur Napoléon III. Cette cloche qui porte le nom d'Eugénie eut l'Impératrice pour marraine.

ÉGLISE DE RUEIL
Tombeau de la Reine Hortense (*Page 53*)

Avant de quitter l'église, notons encore parmi les tableaux un « Isaac bénissant ses enfants », une « Assomption », un « Christ en croix », etc... puis la chaire ; la cuve des fonts baptismaux, d'un seul morceau de jaspe rouge ; et le fauteuil donné à M. l'abbé Baron par Napoléon III. Nous déplorons la disparition des vitraux que Richelieu avait donné à l'Eglise, qui furent détruits en 1793 et que d'autres assez médiocres ont remplacés. Des statues, deux anges notamment, ont également disparu.

Si nous revenons un peu en arrière dans la rue de l'Hôtel-de-Ville où nous avons déjà passé, nous voyons l'Hôtel de Ville, coquette construction qui occupe le centre d'une cour sablée. Il a été édifié par MM. Lebois et Prince en 1869. Son entrée principale donne du côté de l'avenue de Paris.

On sait que Rueil est la deuxième étape de l'institution fondée par Mmes de Maintenon et Brinon. Elle avait d'abord été à Montmorency, puis elle fut transférée à Noisy-le-Roi, et enfin à Saint-Cyr. La ville de Rueil fait partie du département de Seine-et-Oise, arrondissement de Versailles, canton de Marly-le-Roi. Sa population est de 9,364 habitants environ.

Le Bois-Préau

De la place de l'Eglise la rue de Marly nous mène à Malmaison ; à gauche, vis-à-vis d'une courte avenue qui va rejoindre la route de Paris, s'ouvre un large portail au-dessus duquel flamboient en lettres d'or le nom de « Bois-Préau ». Par la grille une perspective attirante de pelouses, d'allées ombrées arrête le promeneur. Le domaine de Bois-Préau a appartenu dans le principe à M. Waldor, résident de l'électeur de Cologne qui y fit planter, après en avoir offert à Louis XIV à Marly, les premiers marronniers d'Inde importés en France. Un passage de l'histoire de cette terre se confond sous le Consulat, alors que s'épanouissait la Malmaison avec l'histoire même de la résidence de Bonaparte. Une demoiselle Julien possédait le Bois-Préau et l'on verra ailleurs ce qu'il en advint. Mais ici se place une anecdote qui nous a paru mériter d'être empruntée aux mémoires du général Bigarré. Le général Masséna qui n'avait point approuvé le Consulat et avait exprimé son opinion en propos malsonnants fut consigné chez lui. Il habitait une des ailes du château de Richelieu, réédifié par lui, et affectait de vivre retiré du monde, enrageant de tout ce qui se faisait à la Malmaison. Le général possédait

ÉGLISE DE RUEIL
Rétable provenant de la Malmaison

(Page 54)

des eaux vives dans son jardin dont on avait besoin à la Malmaison: en conséquence, on tenta près de lui des négociations qui n'aboutirent pas. Cela s'explique, si l'on considère que Bourienne fut chargé de l'affaire ; ce secrétaire était, paraît-il, l'effroi des voisins de la Malmaison tant il employait la force, les menaces et les ruses pour obtenir la vente des propriétés qui venaient ensuite agrandir le parc du premier consul. Il montra Masséna sous un si mauvais jour à Bonaparte qu'il le noircit totalement dans son esprit. Le général Bigarré, alors officier d'infanterie de la garde consulaire, dînait un soir chez Masséna à Rucil, « le jour
« même qu'il venait d'apprendre par son aide
« de camp Franceski, au moment de se mettre
« à table, que Bourienne avait persécuté deux
« vieilles demoiselles pour les obliger à vendre
« au premier consul une jolie propriété qu'elles
« avaient sur le chemin qui conduit directement
« de Rueil à la Malmaison, et cela l'avait mis
« d'une humeur de tous les diables. Pendant
« tout le premier service il ne dit pas une
« seule parole à sa femme ni aux autres per-
« sonnes qui dînaient avec lui, tant il était
« agité. Quand le second service fut fait, il s'em-
« para d'un canard rôti qu'il voulut découper,
« mais il le trouva si dur et si saignant qu'il fit
« appeler son cuisinier pour lui faire des
« reproches. Celui-ci arriva dans la salle à
« manger avec son bonnet de coton à la main.

« Le général lui ayant demandé pourquoi le
« canard, qu'il tenait par deux pattes était si
« dur et si saignant, et l'autre lui ayant
« répondu qu'il ne savait qu'y faire, le général
« lui jeta le canard comme voulant l'attraper à
« la figure et cassa une magnifique gravure qui
« se trouvait en face de lui, parce que le cui-
« sinier fit le plongeon. Cette scène de vivacité
« une fois passée, le général Masséna devint
« aussi aimable qu'il avait été maussade depuis
« le commencement du dîner. Ce qui ne contri-
« bua pas plus à le ramener à la gaieté, c'est
« que son cuisinier, en prenant la fuite, heurta
« un valet de pied qui portait une corbeille
« pleine de verres à patte et qu'il le culbuta
« sans lui faire le moindre mal, malgré que
« tous les verres furent cassés. » (1)

Séparé de la Malmaison après la chute de l'Empire, le Bois-Préau a appartenu récemment à Mme Jouvin, fille de H. de Villemessant. Halévy et Bizet y séjournèrent à plusieurs reprises et l'on montre aujourd'hui encore, au centre d'une pelouse, un orme séculaire sous l'ombrage duquel le premier de ces deux compositeurs est venu maintes fois chercher l'inspiration qui a dicté ses œuvres magistrales. Le château en lui-même est d'assez imposante

---

(1) *Mémoires du général Bigarré*, aide de camp du roi Joseph, Paris, Kolb, 1893.

LA MALMAISON, façade d'entrée (état actuel)

(Page 59)

allure, il renferme des merveilles d'art telles que toiles de Corot, Gobelins d'après le Primatice, etc., etc. Il est la propriété actuelle de Mme Brun.

La Malmaison

Le boulevard de Malmaison, la rue Marie-Christine et une courte avenue de fort beaux platanes nous conduisent ensuite du Bois-Préau à Malmaison.

Et tout d'abord quelle est l'étymologie de ce nom de Malmaison ? On est d'avis différents cependant on s'accorde généralement à lui donner pour origine « Mala domus » pour cette raison que le séjour des Normands qui envahirent la région vers le IXe siècle fut fatal au pays.

On dit encore qu'il provient de « mala mansio », maison fatale parce qu'au XIIIe siècle la Malmaison, qui n'était qu'une grange, aurait été un repaire de brigands.

Ce n'est de nos jours qu'une vaste maison pantelante, endeuillée il semble, sans plus rien des agréments qui en faisaient le charme. Le parc, morcelé, vendu ou mis en vente par lots, déshonoré par de grandes pancartes portant l'inscription « Terrains à vendre », et des cabanes intitulées « Bureaux de vente », est l'image attristante de l'isolement, comme le mirage de l'implacabilité du temps qui détruit aujourd'hui cela même qu'il a créé hier. Par les appartements où plus rien n'existe de l'ancienne ornementation, si ce n'est quelques vestiges épars, où les planchers menacent de s'effondrer, il plane, en un recueillement de sépulcre dont les pas hésitent à éveiller l'écho, comme une haleine d'au delà, comme un souffle d'outre tombe. En franchissant le seuil, en gravissant les escaliers, et particulièrement dans la chambre de Bonaparte, dans sa bibliothèque, où souvent sans doute il mûrit ses projets formidables, une vague et indécise crainte étreint le visiteur et c'est presque à regret qu'il suit le guide de chambre en chambre. Il paraîtrait, tant est incroyable, que si glorieuse épopée retentissante ait laissé si faible trace, qu'à tout instant va surgir d'on ne sait où l'ombre fantomatique de l'Empereur sanglé dans son uniforme, prêt à remonter en selle pour aller là-bas reconquérir la majeure partie du globe.

Arrêtons-nous pourtant, car à la tristesse qu'il y a à fouiller les cendres de l'Aigle se mêle un intérêt captivant. Le chercheur n'a pas épuisé encore la féconde source et il se trouve bien quelque brindille à glaner.

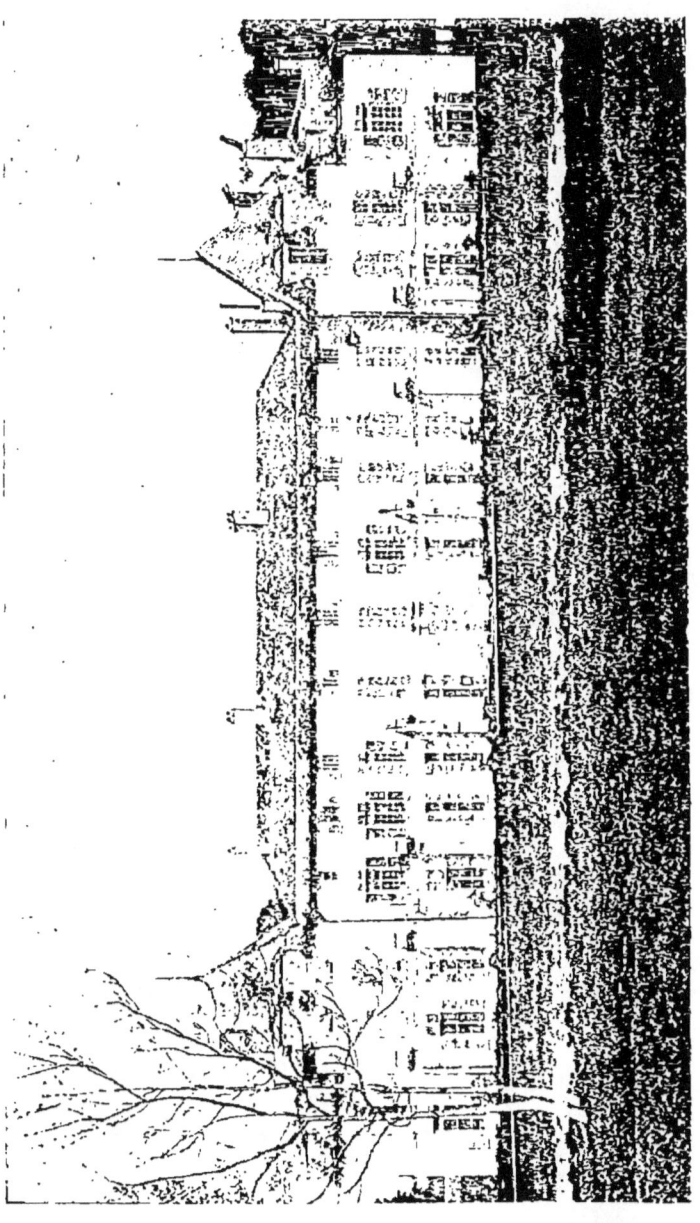

LA MALMAISON, façade antérieure, état actuel

(*Page 61*)

Historique. — Au début Malmaison était comprise dans les fiefs de l'abbaye de Saint-Denis, et ce n'était guère alors qu'une grange. Nous trouvons ensuite qu'en 1622 un conseiller au Parlement de Paris, Christophe Perrot, en était seigneur et en portait le nom ; que vers le milieu du XVIIIe siècle elle était aux mains de la famille de Barentin et servit un moment de résidence de repos à M. de Séchelles, contrôleur des finances ; ce n'était alors qu'une demeure plutôt bourgeoise que seigneuriale et un lettré a eu quelque raison de dire qu'elle ne dut sa fortune qu'à son exceptionnelle situation. Propriété successive de M. de la Jonchère, 1756, de M. Desfourniels, puis des Le Couteulx, elle avait été le séjour de prédilection de Marmontel et de Delille, lequel l'a chantée dans ses « Jardins ». Mme Vigée le Brun en parle également en termes élogieux lorsqu'aux approches de la Révolution elle fréquentait à Malmaison.

La famille des Le Couteulx, de robe, d'épée et de finance, originaire de Normandie, et qui joua un certain rôle sous la Révolution et l'Empire, se répartissait en trois branches. Les Le Couteulx de Canteleu, les Le Couteulx de la Noraye et les Le Couteulx du Molcy. Il est temps, ici, de discréditer une opinion qui s'est imposée de par la notoriété des écrivains qui ont touché de près ou de loin à la question. C'est en effet à tort que l'on a prétendu que après la Terreur la Malmaison appartint aux Le Couteulx de Canteleu un document presque ignoré(1) et sur la foi duquel il n'est pas doute de possible, dû aux recherches de M. Ed. Fournier, publié par M. de Lescure, nous enseigne que les Le Couteulx du Moley étaient propriétaires de la Malmaison grâce à une inexplicable faveur de la Terreur, lorsque la générale Bonaparte en fit l'acquisition (2) en 1798 au prix de 160.000 francs. La générale s'installe alors dans son domaine où elle passe l'automne et toute la saison suivante. Bonaparte l'y rejoint à son retour triomphal d'Egypte — 16 octobre 1799 — et y prépare le coup d'Etat qui devait renverser le Directoire — 18 Brumaire.

Le premier consul alors séjourne tout à fait à la Malmaison qui devient en quelque sorte le petit Trianon du futur Empereur.

Le château change tout à fait d'aspect. Bien qu'il ait toujours gardé un caractère charmant de simplicité, il se transforme et s'embellit, grâce à Joséphine, secondée d'hommes de talent et de goût tels que Fontaine, Lafitte, Lenoir, etc. Non contente du parc qui entourait sa demeure, la femme du premier consul se

---

(1) Lettre de Chanorier à Joséphine, datée de Croissy le 11 ventose an VII.

(2) Le château de la Malmaison, par M. de Lescure. Appendice page 238 à 246.

Étang de Saint Cucuphat

(Page 63)

préoccupe de l'agrandir. Elle en recule d'un côté les limites jusqu'à la Côte-d'Or, large colline qui bornait l'horizon au couchant, et le bois de Saint-Cucuphat qui de son feuillage luxuriant prêta un cadre magnifique au tableau; de l'autre, elle l'augmente de toute la plaine qui la séparait de Rueil. Cependant elle rencontre en ce point une résistance opiniâtre de la part de la propriétaire du domaine de Bois-Préau, Mlle Julien, qui refuse à tout prix de céder la place. Bonaparte donna l'exemple du respect du droit, c'est lui qui céda « et jus-
« qu'en 1810, époque où le combat finit faute
« de combattants, Mlle Julien put, du haut du
« belvédère placé au point culminant de la
« colline, voir tout ce qui se passait à la
« Malmaison, et indiscrète, mais inviolable,
« narguer impunément les voisins dont son
« jardin, enclave importune, entrait comme
« un coin en plein parc et étranglait la pro-
« menade de ce côté, comme sa maîtresse
« gênait l'intimité. Cette servitude incommode
« et taquine, unique désagrément d'une rési-
« dence si agréable, finit en 1810 par la mort
« de l'intraîtable douairière et la cession con-
« sentie par des héritiers plus raisonnables
« qu'elle. » (1)

Voici à ce sujet une lettre de Napoléon datée

---

(1) Histoire de la Malmaison par M. de Lescure.

du 28 septembre 1809 qui établit que les pourparlers duraient encore, mais se rapprochaient d'une conclusion. Faut-il admettre le récit de la tradition locale qui recule l'acquisition de cette propriété au jour néfaste de Waterloo ou par une coïncidence étrange Mlle Julien se noya dans un étang en surveillant ses lavandières ? Le doute est permis. Quoiqu'il en soit, voici le billet de l'Empereur :

« J'ai reçu ta lettre du 16, je vois que tu te
« portes bien. La maison de la « vieille fille »
« ne vaut que 120,000 francs ; ils n'en trou-
« veront jamais plus. Cependant je te laisse
« maîtresse de faire ce que tu voudras, puisque
« cela t'amuse ; mais, une fois achetée, ne fais
« pas démolir pour y faire quelques rochers.
« Adieu mon amie.

　　　　　　　　　　　« NAPOLÉON. »

Mais l'apogée de la Malmaison ne date que de la victoire de Marengo — 14 juin 1800 (1). — Le parc devint de jour en jour plus magnifique. Bonaparte avait prié tous les consuls d'Extrême-Orient d'envoyer tout ce qui leur serait possible de plantes exotiques ou de

---

(1) Mme Bonaparte, à la nouvelle de la victoire, offrit un souper sous des tentes dans le petit jardin. (2 juillet 1800).

graines, et c'était à qui de ces diplomates expédierait les plus rares échantillons de la flore des tropiques dont Joséphine, aidée du célèbre Ventenat, prenait un soin jaloux et passionné. Avec un goût délicat et une inspiration originale, la femme du premier consul sut concilier l'art et la nature en les faisant valoir l'un par l'autre. Elle doit être considérée comme la créatrice de ce séjour délicieux, quand ce ne serait que pour avoir, une des premières, osé abandonner, dans la disposition et la décoration de son parc, la régularité quelque peut guindée et monotone des jardins français, pour les nouveautés, l'imprévu et la fantaisie primesautière de l'ordonnance anglaise. La Malmaison devint ainsi la rivale des plus beaux domaines britanniques, notamment des parcs modèles de Windsor et de Blenheim.

Le fond du paysage était d'une majesté imposante en même temps que charmante avec le profil sévère des arcades de Marly qui ajoutait à cette nature quelque chose des campagnes romaines.

A droite, du côté de la grande route, on apercevait, par les éclaircies du rideau verdoyant des massifs, les côteaux bordant la Seine et le pont de Chatou. Immédiatement derrière le château une vaste pelouse se déployait sur un rayon d'environ un kilomètre, arrosée de ruisseaux murmurants dont la source s'abritait sous un petit temple tout blanc que gardait une statue de l'amour (1). Ces eaux courantes se précipitaient, formaient plusieurs chutes, serpentant à travers les plates-bandes de fleurs et des touffes d'arbres, rencontrant des fabriques qui miraient leur image dans l'onde moirée et allaient enfin se jeter, après de gracieux méandres, au bout du jardin, dans un lac où elles se heurtaient avec des bouillonnements de cascade contre un affluent venant en sens contraire. A gauche la colline, dominant la plaine, était couverte d'un bois de haute futaie, encadrant, de peupliers et de platanes, un réservoir naturel où convergeaient les sources du sommet sous la voûte feuillue pleine de chants d'oiseaux. La fusion de ces sources engendrait le ruisseau, chanté par Delille, qui dévalait vers le bas du jardin au milieu d'une haie de marronniers.

De ce lieu propice à la rêverie, en montant vers le bois de Saint-Cucuphat, entre les collines plantées d'arbres verts, on parvenait à la bergerie et ensuite, tout au bord de l'étang, à la vacherie dont les bâtiments se groupaient, tel un hameau suisse, auprès de l'antique chapelle en ruines (2). Cette vacherie renfermait les plus

---

(1) Cette statue, le porche et les huit colonnes ioniques de marbre rouge du temple avaient été empruntées par Lenoir au Musée des Petits-Augustins, ce grand bazar des épaves de la Révolution.

(2) On sait qu'il y eut là au moyen âge un hermitage habité par un prêtre espagnol, lequel prêta son nom à la chapelle.

LA MALMAISON — Temple de l'Amour (état actuel)

(Page 65)

belles espèces de Suisse, d'Allemagne et de Normandie, qu'entretenait une famille suisse, laquelle avait gardé le costume de Berne. Dans la bergerie, plus tard, après le Consulat, fut abrité un superbe troupeau de mérinos, présent du roi Joseph, dont la vente se faisait annuellement et dont les prix rivalisèrent avec ceux de Rambouillet.

Une collection d'animaux non plus parqués dans des cages ou des enclos numérotés, mais errants, à la fois apprivoisés et sauvages, animaient de leurs libres ébats, de leurs bonds gracieux la tranquillité des jardins.

Mais cela ne suffisait pas. Joséphine chargea Lenoir de décorer et d'ornementer le plan tracé par l'ingénieur Bertaut. Il fallait — c'était le goût de l'époque — la grotte sombre, le temple blanc, le mausolée solitaire, la murmurante fontaine et la statue frissonnante, et la chapelle gothique pour relever encore par l'imprévu du détail et de la situation l'appareil un peu nu des jardins anglais. Lenoir s'y attacha avec un désintéressement tel qu'il ne voulut en gâter le charme par aucun traitement et s'en acquitta de son mieux. Nous avons déjà parlé du petit temple avec l'indispensable Éros qui se dressait sur un rocher d'où jaillissait une source. La fontaine s'élevait près de la serre coulant du cœur d'un monolithe de granit ancien de quatorze pieds de haut. La grotte était habitée par une statue du capucin Saint-François, œuvre du sculpteur Germain Pilon, trouvée fort à propos par Lenoir dans le Musée des Petits-Augustins. Un bas-relief funéraire dû au ciseau de Girardon représenta le tombeau au-dessus duquel un saule laissait tomber en larmes ses feuilles frémissantes. Dans le bois, aux bords de la grande pièce d'eau, une colossale statue de Neptune de Puget agitant son trident dans les flots sans tempêtes, entre deux colonnes rostrales de marbre sérancolin, représenta la mythologie. Pour la chapelle, faisant pendant contrastant avec le temple antique, Lenoir fit transporter de Metz une façade de chapelle des Grands-Carmes de douze mètres de haut, chef-d'œuvre de sculpture gothique. Mais Joséphine, par un scrupule, dicté à la fois par le goût et le respect, s'opposa à ce qu'on infligeât à ce fragment de l'art du moyen âge la promiscuité d'un voisinage profane. Il y avait là en quelque sorte comme une prostitution pour laquelle elle eut une répugnance justifiée. Une nymphe séduisante se dressait également sous l'arachnéenne ramure ombreuse du parc. Il y eut aussi des fabriques rustiques, des pavillons, kiosques, belvédères, ponts de bois et de pierre, salles de verdure, cascades, lacs où des cygnes blancs et noirs laissaient flotter leurs nacelles vivantes.

De chaque côté de l'entrée postérieure, en tête du pont levis, on avait placé, au retour du héros d'Égypte, deux petits obélisques de granit rouge de quatorze pieds de haut, couverts d'hiéroglyphes dorés. Ces obélisques, ainsi que le Neptune que nous avons mentionné plus haut, avaient figuré au château que le cardinal de Richelieu possédait en Poitou. Mais la tourmente révolutionnaire les ayant enlevés de leur place, ils avaient été échouer, ainsi que tant d'autres épaves artistiques, à ce musée improvisé des Petits-Augustins où Lenoir alla les cueillir, sur le vœu de Joséphine, à l'intention de dresser une sorte de trophée au seuil de la demeure du général conquérant d'Egypte.

Pour terminer cette description, parlons de la serre et de l'orangerie. La compagne de ce génie merveilleux fait homme, qui eut nom Napoléon, native, on le sait, de la Martinique, avait un goût tout particulier pour les plantes et les fleurs, et un écrivain de talent a dit à juste titre, il semble, que Rose elle-même elle paraissait avoir avec ces fleurs, qu'elle aimait d'idolatrie, des sympathies mystérieuses et des affinités fraternelles. Le Premier Consul avait chargé ses envoyés extraordinaires à l'Etranger de pourvoir par des envois de graines rares au goût de son épouse. C'est ainsi que la serre de Malmaison en devint une des curiosités la plus prisée. Inspiré par Joséphine, le plan de la serre fut tracé par Thibaut et la construction eut pour but de rendre par des miracles de combinaisons et de sollicitude aux plantes expatriées l'illusion du sol, du ciel et de la température natals, l'apparence de la liberté, l'aspect et les voisinages familiers. Cela explique les dimensions et la hauteur de cette véritable « maison de fleurs », type de progrès réalisés plus tard, à l'émulation, par tous les jardins d'acclimatation. Le système de chauffage fut copié des établissements modèles de Kiew et de Schœnbrünn. Au milieu de cette serre s'ouvrait, par un somptueux portique soutenu de colonnes de marbre brèche violet de douze pieds de haut avec base et chapiteaux dorés, un salon décoré à l'antique d'où l'on pouvait jouir de la vue et du parfum capiteux de ces milliers de fleurs exotiques, aux couleurs multiples et harmonieuses, rangées par symphonies de nuances sur les tablettes en amphithéâtre. Dans ce salon, lieu de délices, Joséphine venait journellement surveiller aux soins qu'un jardinier attitré prenait de ces plantes tropicales et assouvir cette rêverie qui était comme un besoin de sa nature. Lenoir raconte à ce propos un mot qui dépeint la femme toute entière et cet amour des fleurs qui fut la joie de l'époque glorieuse, la consolation dans l'abandon et la solitude :

« Elle avait des tulipes et des jacinthes
« doubles de Hollande de la plus grande beauté.
« Un jour de printemps que je me trouvais
« avec elle dans les jardins, elle s'arrêta
« devant les plants de tulipes et de jacinthes
« qui étaient près de fleurir ; les larmes lui
« vinrent aux yeux et elle me dit : *Je suis*

« malheureuse, mon ami, voilà deux ans que
« je suis privée de les voir en fleur; Bonaparte
« m'appelle toujours auprès de lui dans ce
« moment là !... »

Le parc était enclos d'un saut de loup dont on voit encore des traces avenue du Bois-Préau et route de Paris. Sur cette dernière le fossé était précédé d'intervalles en intervalles par des bornes reliées entre elles par des chaînes : il y en avait cent ; de là le nom de « Parc des Cent Bornes ». Le portail s'ouvrait sur une place en demi-lune que commandait deux pavillons de corps de garde d'ordre dorique ; ce portail s'ouvrait sur une allée de platanes qui menait au château. Un peu avant cette grille, à l'angle de l'avant-parc du côté de Rueil, au coin de l'actuelle avenue du Bois-Préau, existait un autre pavillon dit des Guides et une entrée dont la grille du temps existe encore. Le Premier Consul franchissait cette grille, prenait une avenue plantée de tilleuls en diagonale qui l'amenait au château et l'escorte restait à l'abri. Plus tard, Bonaparte ayant pris l'habitude de venir passer tous les décadis à la Malmaison, les cavaliers de l'escorte restaient et passaient généralement deux nuits et un jour. Pour les abriter on construisit au-dessus de l'écurie une pièce avec deux chambres pour les officiers et un grenier à fourrage.

Pénétrons à présent à l'intérieur du château. On y accédait par un porche en forme de tente, soutenu par des faisceaux de piques, en souvenir du camp, et servant de péristile.

Le grand vestibule qui prolongeait sur toute la largeur du rez-de-chaussée, sa voûte soutenue par quatre colonnes de stuc, ouvrait à l'œil dès l'entrée, par la porte postérieure, la perspective du jardin. D'un côté de ce vestibule s'ouvraient le salon de réception, la salle de billard et la galerie; de l'autre, la salle à manger, la salle du Conseil et le cabinet de travail.

Dans la seconde phase de la Malmaison, on ajouta à chaque extrémité de la façade deux ailes avançant sur la cour d'arrivée, destinées à l'habitation des gens de service et la façade fléchissant légèrement, on bâtit des contreforts pour la soutenir, sur lesquels contreforts et afin de dissimuler leur véritable destination, par le soin du conservateur du musée des Petits-Augustins, on plaça des statues de marbre d'après l'antique, provenant de la mise en vente à l'encan du château de Marly. Au premier étage se trouvaient les appartements particuliers, à la fois séparés et réunis, du Premier Consul et de Mme Bonaparte. Une vaste galerie reliait cette partie de la demeure au demi-étage, formant le couronnement de l'édifice où étaient les appartements et chambres uniques des aides de camp, secrétaires et invités. Les collaborateurs de la décoration extérieure et de l'installation intérieure de la Malmaison sont, outre Lenoir et Berthauld, que nous avons déjà nommés, Percier et Fontaine. Charles Percier qui orna la salle du Conseil de panoplies et de sujets militaires. Lafitte qui peignit des figures allégoriques dans la salle à manger. Les salons reçurent un ameublement de goût sobre, de style sévère. Dans l'un d'eux on admirait sous l'Empire deux beaux tableaux, signés Gérard et Girodet, représentant l'un Joséphine, l'autre Hortense et ses enfants. Le salon de réception officiel était décoré de deux tableaux dûs également aux pinceaux de Gérard et Girodet, dont le sujet était emprunté aux poésies d'Ossian, passion littéraire de Bonaparte. Percier dirigea aussi l'installation de la bibliothèque du Premier Consul. Berthauld ordonna la galerie où l'Ecole Flamande et Hollandaise figurait par la *Ferme d'Amsterdam*, de Potter; *L'Entrée de Forêt*, de Bergham; *Le Tir à l'Arquebuse*, de David Teniers. L'école Française par *Les Quatre Heures du Jour*, de Claude Lorrain; *Le Pacha faisant peindre sa Maîtresse*, de Carle Vanloo; puis *Le peintre français Stella dans les prisons de l'Inquisition, à Rome*, de Granet; *La Mort de Raphaël*, de Bergeret; *Les Nymphes*, de Mme Mayer; *L'Intérieur de la salle du XIIIe siècle au Musée des Monuments Français*, de Boutron; et enfin des Isabey, des Proudhon, des Redouté, etc., etc. Ce n'était pas tout, Joséphine avait réuni dans cette galerie nombre d'objets d'art; tels que des statues et antiques Grecs, Etrusques, Egyptiens, une belle suite de bronzes, une série de vases peints, exhumations de Pompeï et d'Herculanum. Dix petits tableaux sur enduit de ciment recouvert de stuc, représentant Apollon-Musagète et les neuf Muses, unique spécimen de l'art grec, don du roi de Naples. Un groupe de dieux Egyptiens, d'hiéroglyphes, choisis par Denon, etc., etc.

La cheminée du salon de réception, toute en mosaïque, avait été offerte par le pape Pie VII. La Malmaison eut aussi son théâtre, sur la scène duquel les intimes du Premier Consul, dirigés en cela par Talma et Michaut, interprétèrent tant de rôles.

Ainsi 1800-1801-1802, furent les trois années rayonnantes de l'apogée de la Malmaison. Dès le printemps de l'année 1800, Bonaparte inaugura l'habitude de passer à la Malmaison ses « jours de congé », c'est-à-dire la soirée du nonidi (samedi), la journée du décadi (dimanche) et la matinée du primidi (lundi) de chaque semaine. A son retour d'Italie, pendant la fin de la belle saison de 1800, il y revint plusieurs fois par semaine partager le séjour de Joséphine et d'Hortense qui s'y étaient installées à demeure. C'était pour le grand homme la revanche des gravités, la vengeance des soucis, l'oubli du *collier de misère*.

Les réunions étaient toutes intimes, sans plus d'étiquette. On y invitait seulement quelques

aides-de-camp, quelques personnages auxquels se mêlaient des jeunes femmes amies de Joséphine et de sa fille, et l'on jouait gaiement aux barres. Bourrienne dans ses mémoires, nous conte l'une de ces parties, en ces termes : « La
« lutte est engagée ; bientôt deux files de pri-
« sonniers se déroulent de part et d'autre, mais
« le nombre est égal, la victoire indécise, c'est
« le moment de frapper un grand coup, la garde
« va donner. Bonaparte s'élance ! Hortense est
« pourvuivie, elle s'épuise en détours, en ruses
« de guerre ; mais la voilà perdue... quand le
« Premier Consul, rencontrant sous ses pieds
« une racine cachée dans l'herbe, s'étend tout
« de son long sur le champ de bataille ; un cri
« s'élève, mais Bonaparte se relève avec de
« grands éclats de rire et se livre aux vain-
« queurs. Les chutes imprévues l'arrêtaient
« presque toujours au milieu du triomphe et
« devenaient une source de plaisanteries aussi
« bruyantes qu'inoffensives. Venait l'échange
« des prisonniers ; de là grande querelle, il
« fallait deux ennemis pour le rachat du Premier
« Consul et trois au moins pour Hortense, dont
« l'intrépidité connaissait peu de bornes.

C'est dans cette résidence paisible, au milieu de cet entourage qui fut une famille avant de devenir une Cour, que Bonaparte aux heures sévères de travail conçut tous ses projets et posa les bases de ce qui serait l'Empire. Tantôt dans son cabinet de travail, ou dans sa bibliothèque, dont le soin était confié à Dupuis, ancien principal du collège de Brienne, que le Premier Consul s'était attaché, et sur les tables de laquelle bibliothèque s'échelonnaient pour la facilité des recherches, les cartes déployées, Bonaparte méditait, délibérait avec ses conseillers, ou dictait à ses secrétaires quelque plan. Il aimait aussi à songer péripatétiquement ; il franchissait alors le pont-levis devant son cabinet et se promenait longuement dans ce coin de jardin qui lui était réservé. Là, également, dressées sur des tables, il faisait transporter ses cartes, tant il aimait le travail en plein air. « Deux heures de travail en plein air, disait-il, me sont meilleures que quatre enfermé ». C'est à cette place qu'il traça le plan de la bataille de Marengo ; c'est là qu'il signa les préliminaires du Concordat, 15 juillet 1801. A ce sujet, voici un mot du Premier Consul, que nous rapporte Thibaudeau.

Un soir qu'ils se promenaient ensemble, muettement, comme remués tous deux intérieurement par cette paix qui émane de la nature au crépuscule, la cloche de Rueil tintant l'angelus vint, emplissant l'atmosphère paisible d'ondes sonores, émouvoir le cœur de Bonaparte. Il se tourna vers Thibaudeau et lui dit : « J'étais
« ici dimanche dernier, me promenant dans
« cette solitude, dans ce silence de la nature.
« Le son de la cloche de Ruel vint tout à coup
« frapper mon oreille ; je fus ému, tant est

« forte la puissance des premières habitudes
« et de l'éducation ! Je me dis alors : quelle
« impression cela ne doit-il pas faire sur les
« hommes simples et crédules ! Que vos philo-
« sophes, que vos idéologues répondent à cela !
« Il faut une religion au peuple » (1).

C'est probablement là, pour n'en citer qu'un, parmi tant de travaux gigantesques, qu'il conçut cette œuvre colossale, le « Code », qui a gardé son nom et qui par la suite, s'est imposé au monde entier, on peut le dire. C'est là que le Consulat à vie fit explosion, incarnation première de l'Empire (6 août 1807). Mais le nouveau régime allait être trop grand pour une si étroite résidence. Bonaparte songe à Saint-Cloud à cause de sa proximité de Paris. Déjà il avait ordonné, depuis le précédent automne, qu'on procéda aux travaux que nécessitaient le château de Saint-Cloud. La Malmaison ne fut cependant pas déshéritée de sa faveur, il la conserva en prédilection, comme refuge consolateur, en souvenir de ce qui fut l'aurore de sa gloire, les premiers jours de bonheur.

Les réunions continuèrent cependant à la Malmaison, mais plus solennelles. Bonaparte retenu à l'écart par les scrupules de sa grandeur naissante, n'y prenait plus part que d'un œil distrait, d'un sourire bienveillant. Le respect

---

(1) Thibaudeau, *Mémoires sur le Consulat.*

dont ses plus proches devaient, les premiers, donner l'exemple, ne lui permettait plus de se plier à ces inoffensives suspensions d'étiquette d'antan. Alors commença la vogue de ces bals, d'où la gaieté n'était pas exclue, mais où la galanterie d'une Cour et la décence reprenaient leurs droits.

Parvenu au faîte des grandeurs, Napoléon ne vint plus que rarement à la Malmaison, mais l'Impératrice au contraire y passa tous les moments que lui laissaient les obligations de son rang. De 1804 à 1809, l'histoire de ce séjour des premiers jours d'amour, de gloire et de bonheur redevient toute intime et privée. Depuis deux ans déjà, Joséphine vivait tristement, en proie aux pressentiments douloureux, aux craintes qui l'avaient déjà agitée lors de la campagne de Pologne. La paix triomphante de Tilsitt et la sécurité qu'elle créa pour un temps, permit l'ajournement du divorce. Mais en 1809, Napoléon victorieux encore et en paix avec l'Autriche et la Russie, sentit pour ainsi dire la fortune décliner, et la nécessité pressante, implacable, d'assurer l'avenir de son œuvre par une alliance royale et peut-être un héritier à son trône. Le 21 octobre, de Munich, il écrivit le court et sec billet suivant à Joséphine, présage de mauvaise nouvelle. « Mon amie, je pars dans une heure, je serai arrivé à Fontainebleau du 26 au 27 ; tu peux t'y rendre avec quelques dames... NAPOLÉON. »

Nous n'infligerons pas au souvenir de cette entrevue pathétique la profanation d'un récit détaillé où les expressions ne rendraient pas la vérité. Il nous suffira de dire que les circonstances impérieuses et les motifs sacrés rendirent cette épreuve douloureuse inévitable, que la raison d'État imposa la nécessité d'une séparation qui honore les deux parties, nous montrant Napoléon aussi bon et tendre que ferme et grand, et Joséphine grandie aussi de toute la hauteur de cette chute, immolant l'épouse, la reine et la femme sous le courage et l'abnégation d'un sacrifice héroïque. Elle assista, cachant sa douleur sous un sourire, au *Te Deum* d'actions de grâce de la paix de Vienne et au bal de l'Hôtel-de-Ville. Le 15 décembre, l'Empereur lut tremblant d'émotion la déclaration solennelle du divorce, qui coûtait tant à son cœur et faisait une victime de celle-là qui avait été sa compagne dans l'aurore de son triomphe. Frappée en plein cœur, Joséphine recula devant l'épreuve trop forte, au début, d'un séjour où tout lui renouvelait la tristesse de la renonciation. Elle s'exila volontairement tour à tour à Navarre, en Savoie, aux bords du lac de Genève, et, seulement, lorsque la satisfaction mélancolique qui est au fond de tout devoir accompli apaisa l'acuité de la blessure, elle revint à la Malmaison. A dater de la fin de 1811, elle partagea une existence tranquille, entourée de sollicitudes et d'honneurs, entre ce

domaine et Navarre qu'elle se plut trois années durant à embellir et à restaurer avec le goût original dont elle avait déjà fait preuve à la Malmaison. Le cercle de ses fidèles redevint tout intime : la reine Hortense et ses deux enfants, les parents de ses familles Tacher et Beauharnais, Masséna, qui venait de faire réédifier tant bien que mal pour y demeurer, l'aile restée debout du château de Richelieu. Cambacérès, qui avait tant combattu le divorce, les artistes et savants Isabey, Redouté, Lenoir, Bonplanp, et les quelques jeunes filles dont Joséphine aimait à s'entourer et de l'éducation desquelles elle prenait un soin tout particulier, tels étaient les hôtes ordinaires de la Malmaison, témoins constants de la religion, de l'adoration dont l'Impératrice déchue entourait l'image et le souvenir de celui qui avait été l'orgueil et la joie de ce séjour, dont l'absence était à présent la douleur. Un témoin oculaire nous a laissé en des mémoires, le souvenir de cette touchante sollicitude de Joséphine : « L'Impératrice avait
« conservé pour l'Empereur, même après le
« divorce, un véritable culte ; elle n'avait point
« permis que l'on dérangeât une chaise de
« l'appartement occupé par lui, et au lieu de
« l'habiter, elle avait préféré être fort mal
« logée au premier. Tout était resté exactement
« dans le même état que lorsque l'Empereur
« avait quitté son cabinet ; un livre d'histoire,
« posé sur son bureau, marqué à la page où il

« s'était arrêté ; la plume dont il se servait
« conservait l'encre qui, une minute plus tard,
« pouvait dicter des lois à l'Europe ; une mappemonde, sur laquelle il montrait aux confidents de ses projets les pays qu'il voulait
« conquérir, portait les marques de quelques
« mouvements d'impatience, occasionnés peut-
« être par une légère contradiction. Joséphine
« seule s'était chargée du soin d'ôter la poussière qui souillait ce qu'elle appelait « ses
« reliques », et rarement elle donnait la permission d'entrer dans ce sanctuaire. Le lit
« romain de Napoléon était sans rideaux ; des
« armes étaient suspendues aux murailles, et
« quelques pièces de l'habillement d'un homme
« éparses sur les meubles. Il semblait qu'il fût
« prêt à entrer dans cette chambre d'où il s'était
« banni pour toujours » (1).

L'histoire de Joséphine n'est plus mêlée alors à la vie de Napoléon aux heures des revers, que par sa douleur, ses anxiétés et son dévouement. L'appel si éloquent, daté du 9 février 1814, adressé par ordre de Napoléon au vice-roi d'Italie, est écrit de la Malmaison et signé de Joséphine. Lorsque la lutte suspendue pour un temps recommença implacable le 28 mars, que les armées coalisées enveloppaient Paris, que le Gouvernement décida d'envoyer l'Impératrice

---

(1) *Mémoires sur l'impératrice Joséphine*, par Mr Ducrest, p. 66, édit. Barda.

régente et son fils à Blois, que Napoléon arrivant à Fontainebleau pour dégager Paris y apprit l'entrée des alliés, Joséphine était à Navarre où l'avait rejoint la reine Hortense. C'est là qu'elle y apprit par l'envoyé du duc de Bassano de la part de l'Empereur, M. de Maussion, les suites successives du désastre, ses efforts désespérés, la trahison de Marmont, la défection de la capitale, l'abdication et l'exil à l'île d'Elbe. Joséphine revint alors à Malmaison, où en outre de l'attachement qui l'y attirait, l'appelait ainsi que l'a dit un historien, l'espoir d'être utile. Elle y reçut la visite des souverains alliés et en particulier de l'empereur Alexandre III, qui professait un respect affectueux pour celle qu'il nommait « *la bonne Joséphine* ». Ces témoignages de vainqueurs cherchant à atténuer les conséquences, l'effet d'un succès fait de désastres et en quelque sorte à réhabiliter leur triomphe sur un seul homme par des avances prouvant leur estime à la famille innocente et populaire de cet homme, constituent un hommage qui honore plus ceux qui en furent l'objet que ses auteurs. Malheureusement ces généreuses intentions, contrariées par la réaction royaliste et des nécessités politiques, n'aboutirent qu'à de stériles promesses, à d'inutiles résolutions. Bientôt le mal dont elle sentait les premiers symptômes et qui allait l'emporter atteignit plus violemment Joséphine dans sa constitution à la fois délicate et vivace. L'absence de soins dans laquelle elle s'obstinait, malgré les pronostics des médecins, et pour mieux cacher ce à quoi elle voulait donner l'apparence d'une simple indisposition, laissa libre champ à la maladie que, déjà, les déceptions et les angoisses n'avaient fait qu'accroître. Le 28 mai une angine des plus graves se manifesta et les médecins durent avouer leurs craintes aux enfants de Joséphine qui eurent à leur tour à cacher leur douleur. Le tsar Alexandre qui était venu lui faire une visite dût se retirer sans avoir vu l'Impératrice. La nuit fut mauvaise et le lendemain 29 mai elle s'éteignit. Ce fut un deuil universel et il suffit alors de voir passer le convoi funèbre pour comprendre, par l'immense cortège où se mêlaient les rois et les paysans, les nobles et les bourgeois, ce que cette femme avait été de son vivant. Vingt-mille personnes accompagnaient le char qui emporta le 2 juin 1814, le corps impérial à l'église de Rueil.

Un an plus tard, revenu d'Elbe, Napoléon voulut avant d'entreprendre cette campagne qui fut sa dernière, aller se recueillir à la Malmaison au sein de tant de souvenirs. C'est la reine Hortense, la fille fidèle qui l'y reçut. L'Empereur accompagné de Molé et Denon fut pris, dès le seuil d'une vive émotion qu'il ne chercha pas à dissimuler. Il voulut tout revoir, la maison, le parc, le jardin. Il s'y promena muettement plus d'une heure durant, y déjeuna silencieusement et au sortir de table il voulut entrer dans la chambre où *elle* était morte. Il arrêta d'un geste la reine Hortense qui voulait le suivre et pénétra seul. Que se passa-t-il? Nul ne le peut dire. Seule la trace des pleurs que Napoléon portait sur son visage, lorsqu'il ressortit de ce lieu, le laisse supposer. Quand Waterloo acheva d'un coup brutal et irrémédiable la chute de l'Empire, Napoléon revint à la Malmaison. Il y vécut en compagnie d'Hortense, ses cinq derniers jours de liberté. « Cette agréable retraite, où avait commencé et où allait finir sa carrière, était, pour lui, un séjour à la fois douloureux et plein de charme, et il n'était pas fâché de s'y abreuver à longs traits de ses noirs chagrins » (1). C'est là qu'abandonné de tous, sauf quelques serviteurs dévoués; trahi par Fouché et Talleyrand il but lentement le calice de l'ingratitude la plus amère, de la trahison la plus infâme. C'est là que son âme de soldat tressaillit une des dernières fois, en entendant dès un matin le canon ennemi tonnant dans la plaine Saint-Denis. C'est là qu'un accès de sublime patriotisme vint d'une illusion dernière réveiller son génie : il tenta un suprême effort en proposant à la Commission exécutive de livrer une bataille décisive aux alliés qui avançaient, resserrant autour de Paris, à marches forcées, le réseau arachnéen d'investissement, promettant de remettre le commandement

---

(1) M. Thiers. *Le Consulat et l'Empire.*

à lui confié, aussitôt après la victoire. « Sauver peut-être la couronne de son fils, était tout ce qu'il attendait de ce dernier fait d'armes » (1). C'est ce que ne comprit pas ou ne voulut pas comprendre la Commission exécutive qui faisait sciemment d'une part et lâchement irresponsable d'autre part, le jeu des Bourbons. Le général Beker, porteur du message, revint lui exprimer le refus et lui intimer l'ordre de partir « Car
« on nous demande sa personne, avaient dit les
« membres de la Commission, et nous ne pou-
« vons répondre de sa sûreté au-delà de quel-
« ques heures. » Ainsi chut cet homme duquel Mme de Staël a si bien dit que « Son caractère ne pouvait être défini par les mots dont nous avons coutume de nous servir ». Ainsi finit cette puissance d'un génie dont l'ascendant était à ce point grand qu'il faisait dire au général Vandamme, soudard révolutionnaire, énergique et brutal, un jour qu'il montait avec le maréchal d'Ornano l'escalier des Tuileries : « Mon cher,
« ce diable d'homme (l'Empereur) exerce sur
« moi une fascination dont je ne puis me rendre
« compte. C'est au point que moi, qui ne crains
« ni Dieu ni diable, quand je l'approche, je suis
« prêt à trembler comme un enfant ; il me ferait
« passer par le trou d'une aiguille, pour aller

---

(1) M. Thiers. *Le Consulat et l'Empire.*

« me jeter dans le feu » (1). Sentant alors qu'il avait fatigué, dégoûté le monde de son génie, Napoléon se résigna et, sans un mot, sans qu'aucun signe extérieur trahît sa douleur, il partit de la Malmaison le 29 juin 1815, à cinq heures après-midi, emportant, dernier témoignage de dévouement filial, un collier de diamants que lui donna Hortense, ressource pour l'exil ; il partit pour entreprendre ce lent voyage, plein d'indécisions, d'hésitations qui devaient se terminer à Rochefort par l'embarquement sur le *Bellérophon*.

Il y avait à la Malmaison, près d'un massif à droite à côté du château un petit monument conservant l'empreinte du dernier pas de Napoléon.

Le lendemain, les troupes de la coalition entrèrent à la Malmaison et la saccagèrent.

Telle est, le plus courtement qu'il nous ait été possible, l'histoire de cette résidence où naquit et s'épanouit l'apothéose qui imprima, au passé de notre pays, une page si grandiose, résidence qui a justifié peut-être son titre fatal. Vendue en 1826 par le prince Eugène de Beauharnais, à un banquier suédois M. Haguermann, la Malmaison, réduite à ses dimensions primitives, fut acquise en 1842 par la Reine d'Espagne Marie-Christine, au prix de 854,000 fr. Napo-

---

(1) *Napoléon Bonaparte*, par H. Taine.

léon III la racheta en 1861 pour 1,100,000 fr., et y fit à l'occasion de l'Exposition universelle de 1867 transporter tous les meubles, objets meublants, tableaux, bibelots, etc., ayant appartenu aux augustes hôtes. La reconstitution était à ce point exacte qu'un vieux général ne put retenir ses larmes au cours de la visite qu'il fit à la Malmaison tant et si bien il croyait revoir le passé. Mais aux approches de la Guerre de 1870, les meubles et la majeure partie de ce qui fut la décoration du château, furent disséminés dans les divers musées du Gouvernement. Le reste fut volé ou saccagé par les Prussiens. Enfin en 1872 une Société financière acheta la Malmaison à l'Etat pour la somme de 750,000 fr., et la revendit à une autre Société en 1883, pour 453,000 fr.

Après ce trop long récit promenons-nous et suivons le guide qui va nous montrer ce qu'il reste de la Malmaison.

Au coin de l'avenue de Bois-Préau se trouve à la place de l'ancien Pavillon des Guides, la demeure de la famille Voitrin. Lorsqu'il y a quelques années le propriétaire voulut refaire le parquet de son salon, les ouvriers eurent beaucoup de peine à défoncer le sol; cette résistance s'explique par ce fait que le rez-de-chaussée de la maison n'était qu'une vaste écurie destinée à abriter les chevaux de l'escorte des Guides du Premier Consul qui l'accompagnaient dans ses visites à la Malmaison. L'entrée de l'avant parc était à cet angle, la grille du temps existe encore, ainsi que l'avenue de Tilleuls en diagonale; on la peut voir de la route.

Au rond-point de la Malmaison, il y avait deux pavillons de gardes; d'ordre dorique. L'un, celui de gauche, existe encore, il a été transformé en bouchon, l'autre, celui de droite, enclos dans la propriété de M. Hervet, ancien maire de Rueil, a servi longtemps de remise pour le bois, il a été détruit il y a quelque temps.

De la grille il ne reste qu'un morceau à droite prolongeant la clôture du jardin de M. Hervet, et trois piliers qu'on peut reconnaître, un à gauche et deux à droite. Après avoir suivi l'avenue de Platanes, nous arrivons à la grille du parc flanquée de deux nouveaux pavillons dont l'un fut construit par ordre de Marie-Christine. Vers le petit jardin contigu à la maison du gardien, à l'emplacement d'une cour aujourd'hui disparue nous rencontrons le petit monument qui fixe pour la postérité la trace d'un pas fameux. Ce socle de pierre portait avant la guerre avec un aigle de bronze, l'inscription suivante :

DERNIER PAS DE NAPOLÉON

PARTANT POUR ROCHEFORT

LE 29 JUIN 1815

A QUATRE HEURES APRÈS-MIDI

Aujourd'hui une pierre seule, écornée, émergeant à peine du sol témoigne du fait.

Cette strophe alors, de Lamartine, chante en notre mémoire :

« Depuis les deux grands noms qu'un siècle au siècle
| annonce,
« Jamais nom qu'ici bas toute langue prononce
« Sur l'aile de la foudre aussi loin ne vola.
« Jamais d'aucun mortel le pied qu'un souffle efface,
« N'imprima sur la terre une plus forte trace
  « Et ce pied s'est arrêté là. »

Voici la façade avec sur les contreforts les moulages sans valeur représentant les quatre parties du monde et les quatre saisons qui remplacèrent en 1815 les statues de marbre, dépouille de Marly, le porche en forme de tente, déteint et sali, fait pitié. Le péristyle d'honneur qui fait suite au vestibule a conservé un grand air avec ses quatre colonnes de stuc et ses couronnes en relief. De là, en tournant à droite, on traverse successivement la salle de billard, qui a gardé le billard de l'Empereur ; les salons où demeurent les cartouches, les reliefs et les fresques des panneaux. La cheminée don de Pie VII est ruinée, seuls des marbres déchaussés sur lesquels nous voyons la trace des baïonnettes prussiennes enlevant des morceaux de mosaïque. Dans le salon de musique et la galerie où la reine Hortense faisait entendre sa superbe voix, il ne reste que des colonnes d'acajou massif cerclées de cuivre. Le théâtre adossé à la galerie a disparu. En 1842 la reine Marie-Christine fit construire sur l'emplacement des anciennes cuisines une mignonne chapelle, décrépite aujourd'hui, mais demeurée cependant élégante.

A gauche du vestibule nous entrons dans la salle à manger où sont restées intactes les figures allégoriques et pacifiques peintes par Lafitte, et le lavabo en marbre scellé dans le mur, puis dans la salle du Conseil, où nous distinguons, au-dessus des portes, des trophées. Enfin dans la bibliothèque, la mieux conservée des pièces de tout l'immeuble. Elle est imposante, quoique vide, par son entre-colonnement d'acajou, sa double rangée de rayons et sur la voûte les peintures à fresques, représentant de profil des orateurs et philosophes de l'antiquité. La porte de cette pièce donnait jadis accès au pont-levis qui conduisait le premier consul par son jardin particulier, aujourd'hui confondu, où gambadaient ses gazelles, et par une allée de tilleuls au pavillon où il aimait à se renfermer. Ce pavillon hexagone est bien conservé.

Au premier étage nous traversons les appartements d'Eugène et d'Hortense, quelques chambres nues et délabrées, puis nous entrons dans la chambre de Joséphine, pièce en rotonde où il ne reste que des morceaux du plafond bleu constellé d'or, nous voyons la place du lit, l'endroit où se trouvait le coffre-fort et ensuite

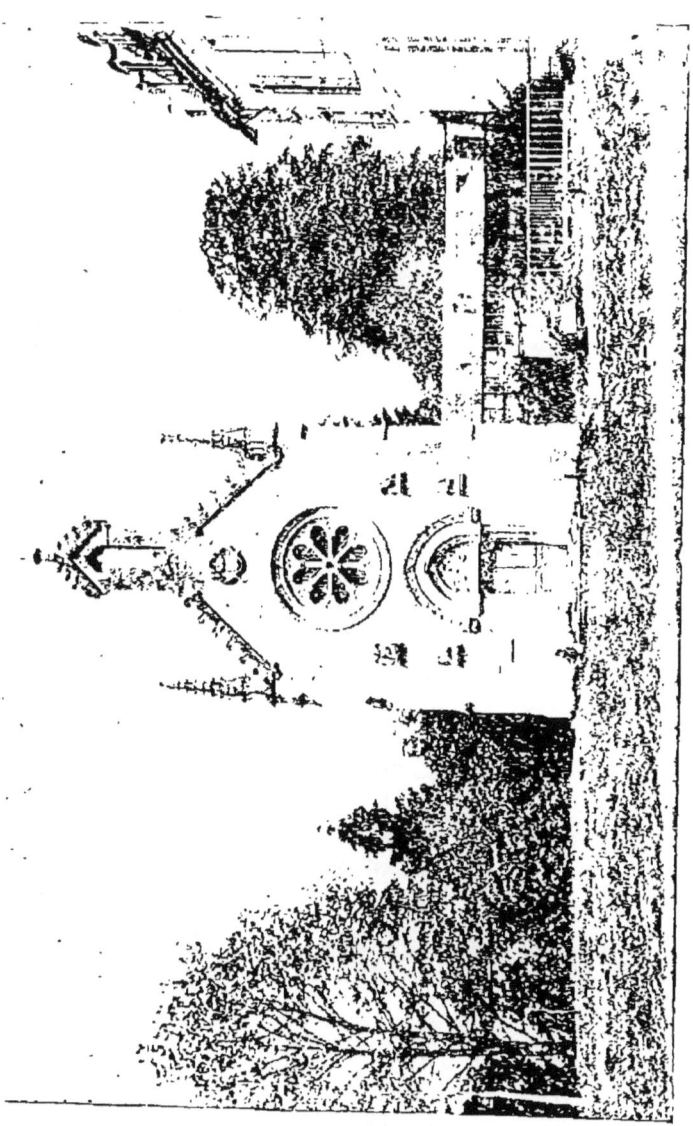

Chapelle de la Malmaison

(Page 90)

par une porte dissimulée dans un panneau, nous pénétrons dans l'ancien boudoir. La salle de bain où demeurent des médaillons peints. Enfin la chambre de l'Empereur et son cabinet de travail terminent notre visite.

Descendons au jardin.

Derrière, de chaque côté du pont, nous retrouvons les deux obélisques, combien rongées par le temps ! Dans le parc nous retrouvons également le petit temple d'où la statue d'Eros a été enlevée et figure aujourd'hui au Louvre ; ce coquet monument est enclavé dans la propriété de M. Armand Silvestre. Le Neptune de Puget est également enclavé dans une propriété privée. Voici ensuite, devant le château, un cèdre planté en 1800, par Napoléon et Joséphine. D'ailleurs sous le Consulat beaucoup d'arbres furent ainsi plantés en souvenir d'un fait d'armes ou d'un événement quelconque. Une plaque de zinc en forme d'écu portant en caractères rouges sur fond blanc l'inscription marquant le fait était fixée à l'arbre. Il y en eut un, par exemple, qui portait l'inscription : *Planté en souvenir de Marengo*. Notons encore, à l'extrémité avoisinant la Jonchère, l'ancienne serre devenue successivement habitation de la fille de Marie-Christine, puis du capitaine-gouverneur de la Malmaison, sous le deuxième Empire, et aujourd'hui exquisement transformée, malgré l'incommodité de sa construction originelle, la résidence estivale de S. A. Royale le comte de

Bari. On la désigne sous le nom de Petit Château de la Malmaison.

Le parc de la Malmaison morcelé et vendu par lot est réduit aujourd'hui à 6 hectares environ.

Malmaison !
Le Combat en 1870
Episode

Le vingt octobre il y eut à la Malmaison un combat sérieux entre Allemands et Français. Notre camp se divisait en trois colonnes. La première commandée par le général Berthaut, la deuxième par le général Noël et enfin celle du lieutenant-colonel Cholleton, toutes trois secondées par une imposante réserve.

Nos troupes occupaient tous les alentours de Rueil à Bougival, en passant par Suresnes, Montretout, Buzenval, le bois de la Jonchère, Saint-Cucuphat, Garches, La Celle-Saint-Cloud, etc. L'ennemi déploie ses forces sur Bougival, la Malmaison, Croissy, Chatou et le Vésinet.

Le terrain qui sépare les adversaires s'étend

donc du château de Buzenval à la Jonchère, de la limite extrême du bois de Saint-Cucuphat au parc de la Malmaison.

A une heure le feu s'engage, nos canons tonnent sur Buzenval, la Jonchère, Bougival et Malmaison, fortement appuyé par les bombes du Mont-Valérien. Puis sur les hauteurs de la Jonchère et de La Celle-Saint-Cloud, grâce à notre merveilleuse situation, nous forçons l'artillerie ennemie au silence. Alors le combat s'engage. C'est d'abord le général Berthaut qui occupe le château de Bois-Préau, puis la barricade dans le parc de la Malmaison. Les troupes gagnent du terrain vers Saint-Cucuphat. Le général Noël caché jusqu'alors derrière le parc de Richelieu, se montre par la route de Paris, tandis qu'une compagnie de zouaves donne l'assaut à la Jonchère. L'ennemi, en conséquence, pris de toutes parts, se replie sur son arrière-garde.

La Jonchère

En continuant notre route, nous voyons au-delà des champs cultivés, à notre droite Chatou et plus en arrière, les limites de Rueil.

La Jonchère, au bas de la colline duquel

nous arrivons, est un petit hameau sur la hauteur qui domine Bougival. Ce hameau, qui ne compte que quelques maisons, a cependant sa curiosité historique, le château. C'est une construction qui n'a rien de bien marquant. Elle est d'une simplicité presque coquette et la vue panoramique que l'on découvre de tous les points du parc qui l'environne, en est un des attraits. Au seuil de ce parc, un sapin centenaire déploie sa ramure en forme de parasol.

La Jonchère est un ancien fief que Louis Bonaparte, le comte Bertrand, Ouvrard et Odilon Barrot ont successivement possédé. Sous le second Empire, il a appartenu à Mme de Metternich et l'impératrice Eugénie y est souvent venue en visite.

Revenus à la route de Paris, nous poursuivons notre marche vers Bougival.

CHAPITRE III

LA MAISON-ROUGE — LA CHAUSSÉE — BOUGIVAL
LA MACHINE ET LOUVECIENNES

La Maison-Rouge

Nous rencontrons un groupe de villas qui a nom Maison-Rouge, et par cela seul évoque un souvenir historique et quelque peu anecdotique. Il y avait jadis à cet endroit un châtelet où habita Gabrielle d'Estrées, duchesse de Beaufort, plus connue sous le surnom de la « Belle Gabrielle », une des maîtresses du roi Henri IV.

On sait que le roi, se rendant un jour de l'an 1590 au château de Cœuvres (1) ou résidait

---

(1) **Cœuvres** est un bourg du département de l'Aisne, à 13 kilomètres O.-S.-O. de Soissons. Jusqu'en 1645 c'était une simple seigneurie, à cette époque elle fut érigée en duché-pairie sous le nom d'Estrées.

Antoine d'Estrées, gouverneur de l'Ile-de-France, y fut reçu par hasard par sa fille Gabrielle. Aussitôt Henri IV conçut pour elle une violente passion. Il la maria pour la soustraire à son père, fit ensuite casser son mariage et l'installa à la Cour où elle ne tarda pas à jouir d'un « crédit excessif ». Douce et bonne malgré son ascendant sur le Roi, la belle Gabrielle n'eut des démêlés qu'avec Sully, lequel se montrait peu favorable aux intrigues de son souverain. Elle s'emporta une fois outre mesure et traita le ministre de « valet. » Henri IV lui donna tort, disant : « Je donnerais dix maîtresses comme vous, pour un serviteur comme lui ». Le Roi n'en aimait pas moins éperdument Gabrielle et il se disposait même à l'épouser après avoir répudié Marguerite de Valois, quand par décence, pendant la quinzaine de Pâques, elle dut être éloignée de Fontainebleau. Elle mourut subitement quelques jours après, après avoir mangé une orange, ce qui a fait supposer qu'on l'empoisonna. Gabrielle d'Estrées eut trois enfants de sa liaison avec Henri IV : César, célèbre sous le nom de duc de Vendôme, Alexandre, grand-prieur de France et général des galères de Malte, Catherine-Henriette, mariée à Charles de Lorraine, duc d'Elbeuf.

« Maison-Rouge, dit Piganiol, est un petit château sur la Seine, composé de deux grands pavillons construits sur une terrasse. Au-dessus s'élève encore une autre terrasse, dont les vues sont charmantes. »

En outre Maison-Rouge se rattache indirectement à l'histoire de Malmaison. On sait que l'Impératrice Joséphine toujours préoccupée, même après le divorce, d'étendre son domaine, acheta successivement nombres de terres et propriétés avoisinant la Malmaison et parmi elles se trouvait Maison-Rouge. Voici à ce sujet un détail assez peu connu que nous empruntons au récit d'un témoin occulaire :

« Au nombre des acquisitions que fit l'Impé-
« ratrice dans les environs de la Malmaison, il
« faut ajouter un ancien château, bâti en bri-
« ques, que l'on voit sur la gauche du chemin
« qui conduit à Saint-Germain, sur la chaussée
« de Marly ; Sa Majesté acheta de la marquise
« de *Mayne*, ce château, qui avait appartenu à
« la belle Gabrielle d'Estrées. Sa Majesté con-
« naissait beaucoup la dernière propriétaire qui
« était fort âgée ; elle lui laissa, pour la vie, la
« jouissance de sa propriété, quoique cette clause
« ne fut point stipulée sur le contrat de vente ;
« quand des gens d'affaires lui en parlaient,
« elle disait : « Je ne veux pas déplacer cette
« bonne Madame de Mayne, car je sais combien
« les déplacements sont souvent funestes à la
« vieillesse » (1).

---

(1) *Mémoires de Mlle Avrillon*. Paris 1833.

La Chaussée

Plus loin, nous nous arrêtons au bord de la Seine, qui coule placide à notre droite, et que nous allons suivre pour ne la quitter qu'à Port-Marly. Par delà l'île qu'elle baigne, nous voyons les châlets de Croissy. En face de nous, sur la crête du coteau verdoyant de Louveciennes, se dresse l'aqueduc des eaux de la Machine, découpant sur le ciel la dentelure de ses arcades.

La Chaussée, qui n'est de nos jours qu'un quartier avancé de Bougival, était jadis un hameau du nom de Caroli-Vanna, Charlevanne, et devait son origine à une pêcherie que Charles Martel fit construire sur la Seine. Vers 817 ce hameau devint propriété des moines de Saint-Germain-des-Prés de par le don de Louis le Débonnaire. Plus tard, 1122, Louis le Gros conçut le projet d'y faire construire un château-fort destiné à empêcher les incursions de ses ennemis, mais un moine de Coulombs, Robert, du prieuré de Saint-Germain-en-Laye, lui remontra qu'en bâtissant une forteresse en cet endroit, il diminuerait d'autant le don qu'avait fait le roi Robert des dîmes de vin audit prieuré de Saint-Germain et le roi se rendit à cette remontrance, préférant livrer une région toute entière aux ravages, que de priver les moines de quelques coupes de vin. Il est vrai de dire que le produit des vignes en question était fort en réputation. En 1224, on établit à Charlevanne une léproserie qui formait une espèce de communauté et, ce qui donne une moyenne de son importance, seize paroisses avaient le droit d'y placer leurs malades. Au XIVe siècle, le droit d'en nommer le maître fut en litige entre le roi et l'évêque, toutefois il faut dire que ce dernier eut gain de cause, puisque nous relevons que plus tard il procéda sans contestation à cette nomination. Charlevanne eut une chapelle de Maladrerie au titre de sainte Magdeleine, dépendante, dit-on, du duc d'Orléans. Charlevanne a disparu en 1346, pillé, ravagé et brûlé par les Anglais.

Bougival

Planté agréablement au bord de la Seine, en amphithéâtre sur le flanc de la colline, dans un décor séduisant, Bougival est un coquet village qui est le rendez-vous du Boating élégant. Les peintres Corot, Meissonnier, Français, Hérault, etc..., ont contribué en en popularisant par leurs œuvres, les paysages, à faire la vogue de ce lieu. S'il faut en croire les étymologistes et la tradition, Bougival dériverait de « Bog-Val » vallon des cavités. Il semble probable que ces cavités pratiquées pour l'extraction du blanc d'Espagne, furent l'abri de bien des gens sans gîte qui, formant peu à peu une aglomération, s'installèrent ensuite définitivement. Dans une bulle d'Urbain III, l'église est dite Sainte-Marie de « Bougivalle », 1186. Quoi qu'il en soit, Bougival est mentionné pour la première fois dans des titres du XIIIe siècle. Les seigneurs de Marly s'y arrogeaient des droits; en 1683, le dernier, le comte d'Assy vendit son fief au roi Louis XIV.

Quittant la Chaussée, nous rencontrons à gauche la jolie villa des « Frènes » où s'éteignit en l'été 1883 le romancier russe Tourgueneff, entouré des soins de Mme Pauline Viardot. Récemment, grâce à l'initiative des autorités locales, une plaque commémorative a été apposée sur un pilastre de la grille, 5 novembre 1893, ladite plaque de marbre blanc porte l'inscription que voici : « Dans cette propriété, a résidé plusieurs années et y mourut le 3 Septembre 1883, Ivan-Sergevïctch Tourgueneff, célèbre romancier russe, né à Grel (Russie) en 1818 ». Un peu plus loin, entre la propriété de M. Raymond Barrot et des chais de vins d'Alger, se trouve portant le n° 10, une vieille maison reconnaissable à son architecture et que l'on a prétendu être du marquis de Mesme. Enfin, au coin de la rue Monrival, anciennement dite des « Pêcheurs », le petit pavillon de Blois, qui porte la date de 1711, où fut élevée une fille de Louis XIV et de Mme de Montespan. A notre droite, la riante île de la Chaussée, où attérirent nuitamment les Normands au IXe siècle. Le point de débarquement est voisin, sur l'autre rive, de la Grenouillère. Un des seigneurs de Bougival y posséda jadis un moulin dit de Mauport. De là le nom qui est resté à cet endroit : Malport. De nouveau à droite, nous passons devant l'*Hôtel de l'Union*, auberge où se plaisaient les peintres paysagistes que nous avons déjà nommés et sur les murs de laquelle sont des toiles exquises signées de ces maîtres du pinceau.

Nous parvenons maintenant au pied du pont de Bougival. Construit en fonte, ce pont qui a été inauguré en 1864, fut détruit en 1870 par le génie militaire. Il a coûté 400.000 francs et est soumis encore aujourd'hui au droit de péage. Il commande de la rue de Versailles, qui traverse le village dans toute son étendue. Cette rue nous conduit à l'église de Bougival, désaffectée, au moment où nous traçons ces lignes, pour la restauration que nécessite son état de vétusté.

Bâtie sur un mamelon, cette église, vrai bijou d'architecture, malgré son portique disgracieux, et à laquelle on accède par vingt-trois marches, paraît être du XIIIe siècle, est toute mignonne et dresse coquettement son clocher roman qui domine ainsi tout le pays. Sous le titre de la Vierge, elle reconnaît aussi pour second patron saint Avertin, fameux, dit la légende, pour guérir de la folie.

Mais il y a à ce sujet une confusion. L'abbé Lebeuf (1) croit qu'il s'agit de saint Aventin, évêque de Chartres, et non de saint Avertin, mort en Touraine en 1189, pour cette raison que « les deux diocèses de Paris et de Chartres
« étant confondus l'un avec l'autre, il est pos-
« sible que le saint évêque ait opéré dans les
« environs de Bougival quelques miracles, dont
« le souvenir aura déterminé à lui ériger une
« statue. Par la suite des temps, la ressem-
« blance des noms Aventin et Avertin aura fait
« confondre l'un avec l'autre, en sorte que saint
« Avertin est regardé aujourd'hui comme second
« patron de Bougival et qu'il y a une confrérie
« en son honneur. »

Toutefois notre opinion, inspirée par les dires de M. l'abbé Quentin, curé, qui a bien voulu nous renseigner au sujet de ce différent, est celle-ci : Saint-Thomas Becket de Cantorbéry ayant opposé au roi d'Angleterre qui voulait restreindre en 1154, par les statuts de Clarendon, la juridiction du clergé, une résistance énergique, fut condamné, à l'instigation

---

(1) *Histoire du diocèse de Paris.*

BOUGIVAL — Église
Vue prise de la propriété de M. Convert, à proximité du hameau de Saint-Michel *(Page 101)*

du souverain, par le synode de Northampton, 1165, comme coupable de haute trahison.

Il se réfugia en France avec son vicaire *Saint-Avertin* auprès de Louis VII et y demeura cinq années environ durant lesquelles il fréquenta la communauté des Bénédictins de Saint-Florent de Saumur, qui revendiquaient l'église de Notre-Dame de Bougival. Réconcilié plus tard avec Henri II, par l'entremise du roi de France, Saint-Thomas rentra en Angleterre. Malheureusement, de nouveaux troubles signalèrent le retour de l'archevêque dans le royaume et Henri II, qui se trouvait alors en France, dépêcha quatre de ses chevaliers à Cantorbéry afin d'exterminer le coupable. Le martyre de Saint-Thomas, tué au pied de l'autel même où il officiait, porta le pape Alexandre III à le canoniser et à excommunier le roi d'Angleterre — 1173. — Saint-Avertin revint alors en France se fixer à Bougival dont il avait gardé un bon souvenir.

Il y habita à la confrérie fondée par les Bénédictins de Saint-Florent de Saumur, y mourut et fut enterré à l'église. Il est plus que probable alors que ce sont ses reliques qui reposèrent longtemps dans une chapelle de l'église de Bougival et il semble naturel que ce soit sa statue qui y ait été vénérée.

Quoi qu'il en soit, reliques et statue ont disparu aujourd'hui. Vers 1840 la confrérie susnommée fut dissoute. Il n'en reste aujourd'hui qu'une croix tronquée érigée sur le flanc de la colline et qui a nom « la Croix au Vent ». Pour y parvenir il faut gravir le chemin derrière l'église, pittoresque et charmant, parce qu'il donne l'impression, avec ses quelques maisons villageoises, la Vierge qu'on y rencontre au-dessus d'une fontaine et qui a remplacé une statuette de Saint-Hubert, et quelques villas, d'un tranquille hameau perdu de la Bretagne. Arrivé auprès du socle de la Croix au Vent on a une vue séduisante entre toutes au delà des toits de Bougival qui se pressent en bas. C'est un des plus jolis et imprévus points de vue de la région que nous recommandons aux amateurs.

En l'église de Bougival furent ensevelis Rennequin Sualem et son épouse Marie Nouelle, ainsi que l'épitaphe gravée sur marbre en fait foi. Cette inscription porte :

CY GISENT

HONORABLES PERSONNES

SIEUR RENNEQUIN SUALEM

SEUL INVENTEUR DE LA MACHINE DE MARLY, ETC.

Ce mot « seul » tend à démentir ce que bien des ouvrages affirment, à savoir que l'ingénieur Deville était l'auteur de la fameuse machine. Nous en parlerons plus longuement en temps utile.

Le lundi de la Pentecôte, chaque année, la

BOUGIVAL — Chemin de la Croix au Vent

(Page 104)

paroisse toute entière se rendait en procession à Nanterre à la chapelle de Sainte-Geneviève. Par la suite ce pieux pèlerinage fut interdit.

Il est curieux de noter qu'en 1806 le curé de Bougival ne recevait du gouvernement que 500 francs par an de traitement. Un marguillier était désigné pour faire une collecte en sa faveur. Le budget des recettes ne montait pas alors à 400 francs; le bedeau touchait 12 francs par an.

Durant l'année terrible Bougival eut fort à souffrir des Prussiens : le 19 septembre 1870, la 10e division ennemie envahit le village et s'y livra à des excès de pillage, d'exactions inouïs ; les habitants furent malmenés au delà de toute expression, les habitations souillées, ce qui ne contribua pas à adoucir l'attitude déjà agressive de la population. Le 27 septembre un jardinier, François Debergue, qui avait à cinq reprises coupé le fil télégraphique que les Allemands avaient établi pour les relier aux autres corps d'armée, passa en conseil de guerre et fut fusillé. Un monument qu'on rencontre sur la route de Versailles, à l'extrémité de Bougival, a été élevé en l'honneur de l'attitude courageuse de ce patriote, le 22 septembre 1878. Cet édicule est une pyramide triangulaire ornée d'une étoile de bronze à son sommet et frappée, sur la face qui regarde la route, de ces mots : « Pro Patria ». Sur le piédestal est inscrite la réponse héroïque de Debergue à l'officier présidant le conseil de guerre qui lui offrait sa liberté s'il renonçait à ses desseins hostiles : « Je suis Français, dit-il, je dois tout entreprendre contre vous. Si vous me rendez la liberté, je recommencerai ». Le vendredi 21 octobre, jour de l'engagement de Malmaison, deux coups de feu furent tirés sur les troupes qui restaient en garnison à Bougival. Deux ouvriers sur lesquels pesaient les soupçons, ce qui ne prouve guère qu'ils fussent coupables, Jean Martin et Jean-Baptiste Cardon furent arrêtés et fusillés incontinent. Ils moururent en criant : « Vive la France ». L'un d'eux ajouta, dit-on, « Dites à nos enfants que c'est pour le pays que nous mourons ! » Cette mesure soulevant l'indignation des paysans, le général de la division d'occupation condamna Bougival à être évacué. Le dimanche 23 octobre, l'ordre en fut affiché dans les rues :

« Tous les habitants de Bougival sont invités
« à quitter ce village. Les habitants virils sui-
« vront cet ordre aussitôt aujourd'hui. Les
« femmes et les enfants demain à midi. Toutes
« les personnes qui n'obéiraient pas à cet ordre
« seront punies à réserve du droit militaire (*sic*). »

De plus, le village fut frappé d'une contribution de 50,000 francs. Mais la misère de la population était telle qu'on ne put payer que 5,000 francs, le reste ne fut jamais acquitté. Les efforts du curé pour intervenir furent vains. On le chassa de son presbytère et on le contrai-

Pro Patria!
BOUGIVAL — 27 septembre, 21 octobre 1870
(*Page* 105)

gnit à se réfugier ainsi que son vicaire à Saint-Germain. Le docteur Duborgia remplaçant le maire fut déporté à Coblentz ainsi que l'adjoint et les principaux membres du Conseil municipal. Avant leur départ les envahisseurs prélevèrent une rançon formidable. Les habitants, dénués de tout, rentrèrent à Bougival qu'ils trouvèrent saccagé effroyablement ; rien n'avait été respecté, sauf l'église et ses ornements religieux. Les boulets du Mont-Valérien, qui ne purent protéger Bougival, contribuèrent au contraire à en endommager les maisons.

La Commune vint ensuite jeter le trouble à nouveau. Le 3 avril 1871, deux cents fédérés échappés à l'engagement de Courbevoie arrivèrent à Bougival. Comme les habitants y étaient dans l'ignorance complète des événements qui se déroulaient à Paris, les gardes nationaux furent accueillis avec enthousiasme. Ils plantèrent alors le drapeau rouge sur le clocher, respectant toutefois le lieu saint. Mais les troupes de Versailles vinrent bientôt disperser les communards. Leur colonel, le fameux Flourens, qui s'était réfugié dans un cabaret de Chatou, eut la tête fendue d'un coup de sabre pour avoir menacé de son revolver un officier de gendarmerie. Le soir les troupes régulières rentrèrent triomphalement à Versailles.

Bougival compte quelques maisons de campagne illustrées par ceux qui y demeurèrent ou y habitent encore aujourd'hui. Telles sont : Le

Cormier, où Félicien Malefille, l'auteur des « Mères Repenties », mourut en 1868. Le Cottage où résidaient Eugène Forcade et Auguste Lireux et où le sculpteur Pradier s'est éteint en 1852. La Charmeuse, ancienne demeure du chansonnier Avenel, habitée aujourd'hui par le romancier Emile Richebourg. Le château de Malesherbes, disparu, et la maison de Boissy d'Anglas dont nous parlerons en temps et lieu.

De Bougival dépend le hameau de Saint-Michel qui du faîte de la colline découvre un panorama incomparable.

Ce hameau se nommait autrefois « le Houssay » de ce que tous les endroits plantés de houx s'appelait, Hosseya, en français ossel, oussel, oussé. Plus tard une chapelle fut élevée à Saint-Michel, patron des guerriers, en ce lieu en signe de reconnaissance de ce que ce saint avait aidé à repousser les Normands de cet endroit. Nous trouvons mention de cette chapelle dès le XIIIe siècle. l'abbé Lebeuf (1) même prétend qu'elle existait au Xe siècle. En 1472, Louis de Beaumont, archevêque, donna la chapelle de Saint-Michel qui menaçait ruine à Urbain de Chatemars, vicaire-hermite, avec charge de la rebâtir. Dès 1258 nous trouvons un arrêt adjugeant au roi la Haute Justice de Hosseya.

---

(1) Histoire du Diocèse de Paris.

En revenant aux bords de la Seine et continuant notre excursion vers le nord, nous rencontrons un peu avant la passerelle, qui à droite mène à l'écluse, la demeure de M. de Boissy-d'Anglas, aujourd'hui propriété de M. Gordon Benett, le richissime américain, directeur du *New York Herald*. Ici il convient d'ouvrir une parenthèse. La terre de Boissy d'Anglas s'étendait depuis Louveciennes et le Haut-Bougival jusqu'à la Seine. Morcelé aujourd'hui elle se divise dans le haut en deux propriétés. Le Val d'Anglas, un exquis châlet, huché entre une épaisse enceinte d'arbres d'où la vue est charmante. Une entrée se trouve sur la route de Paris, à côté de la carrière de blanc de Meudon. Les Roitelets, un autre gentil châlet tout auprès. Les deux, aujourd'hui, appartenant à M. Picard. En bas, l'habitation de M. Gordon Benett et, la plus grande parcelle, la propriété de Mme la comtesse de Lancey où se trouve enclavée le pavillon fameux de la Dubarry. La maison de M. Benett est l'ancienne demeure authentique de Boissy d'Anglas. Elle revet un cachet de simplicité charmante et le propriétaire a tenu à le lui conserver intact. Au-dessus de la porte, une plaque de pierre gravée, encadrée d'un fouillis de plantes grimpantes qui envahit tous les murs extérieurs, porte l'inscription qui suit :

> Une retraite heureuse amène au fond des cœurs
> L'oubli des vains désirs et l'oubli des malheurs !

Ensuite le parc de la comtesse Tahl de Lancey ouvre son large portail cintré que gardent deux lions. Dans ce parc, en tête de l'entrée de la carrière de blanc, se trouve un petit monument qui pour être esthétiquement nul n'en est pas moins remarquable par le souvenir qu'il grave. C'est la colonne qu'érigea Boissy d'Anglas en la mémoire et pour l'immortalisation de ses amis les frères Montgolfier. On sait que Boissy d'Anglas fut un ami et un protecteur éclairé des sciences, des arts et des lettres. La colonne dont s'agit est en pierre, sur un socle carré en pierre également. Son extrémité supérieure est coiffée d'une sphère qui imite la forme des Montgolfières. Le temps a imprimé sa trace vigoureusement sur ce monument qui porte une inscription très effacée que nous avons relevée avec quelque difficulté, sauf une ligne, dans l'ordre suivant :

>A LA MÉMOIRE
>DES FRÈRES
>MONTGOLFIER
>NÉS A ANNONAY
>INVENTEURS
>DES
>AÉROSTATS
>PLUS RECOMMANDABLES
>ENCORE
>PAR LEURS QUALITÉS
>MORALES

BOUGIVAL — Monument Montgolfier

(Page 110)

QUE PAR LEUR
GÉNIE
BOISSY D'ANGLAS
LEUR COMPATRIOTE
ET DEPUIS SON ENFANCE
LEUR AMI
PROPRIÉTAIRE DE CE JARDIN
. . . . (?)
LE V JUIN MDCCCXIII

En dirigeant nos pas vers le haut parc, nous rencontrons un petit lac au centre duquel se dresse un temple grec, que l'on peut voir de la route. Ce lac est alimenté par un ruisseau que nous suivrons en sens contraire à son cours jusqu'à la cascade qui emplit l'enceinte d'arbres touffus pleins de chants d'oiseaux, du murmure berceur de sa cataracte. Au milieu d'un tapis de lierre et de mousse, que viennent perler les éclaboussures argentées de l'onde fuyante, sur le flanc gauche de la cascade est enchâssée une plaque de pierre où l'on peut lire gravés les vers suivants que nous reproduisons textuellement avec leur orthographe :

Arrêtés vous ici : Ce murmure enchanteur
Suspend le sentiment des peines de la vie
Cette onde qui s'enfuit, cette rive fleurie.
Et de ses verds bosquets l'ombrage et la fraîcheur
Entretiennent la Rêverie.
Ici l'âme se plaît dans sa mélancolie,
Et le cœur se repose en rêvant au bonheur.

Pavillon du Barry

Toujours dans la même propriété ce pavillon, actuelle demeure de la comtesse de Lancey, se trouve situé auprès de la machine de Marly, à proximité du chemin montant qui mène à Louveciennes et par conséquent sur le territoire de cette commune. Une partie du parc séparée, aujourd'hui, constituée en propriété privée appartient à M. Goldschmidt.

Lorsque sous le règne de Louis XIV, on construisit la Machine destinée à faire monter les eaux à Versailles, on fut contraint d'exproprier pour le passage des conduites et la construction de l'aqueduc, une partie de la propriété de M. de Valentinoy. Il fallut abattre un pignon de la maison, démollir le pigeonnier, l'écurie et quelques-uns des petits bâtiments de la basse-cour. Le Roi dédommagea le propriétaire avec largesse. Plus tard la maison servit de pavillon des eaux à M. Deville, ingénieur. Quand la régie des eaux fut transférée à Versailles, le pavillon passa à la comtesse de Toulouse et ensuite par héritage au duc de Penthièvre. Celui-ci par suite de la mort de son fils, le prince de Lamballe, survenue à Louveciennes, se dégoûta de sa résidence. En 1769 le roi Louis XV donna à la comtesse du Barry, par acte en date

BOUGIVAL — Petit Temple grec

(Page 111)

du 24 juillet, le pavillon de « Louvetiennes » (1). Ce don fut la première consécration de la liaison du Roi avec la du Barry, consécration qui avait commencé par la présentation officielle de la maîtresse à la Cour le 21 avril 1769.

Il convient ici que nous résumions l'histoire de la favorite qui remplaça Mme de Pompadour auprès d'un roi dont les débordements furent la honte et qui sait? — peut-être le charme de cette époque.

Jeanne, fille naturelle d'Anne Béqus, dite « Quantiny » naquit le dix-neuf août 1723, à Vaucouleurs. La mort du père poussa la mère à se rendre à Paris où elle continua les rapports de charité et de bienfaisance qu'elle entretenait déjà à Vaucouleurs avec M. Dumonceau, un des intéressés dans la fourniture des vivres de l'armée. Le financier « qui ne pensait plus guère à sa petite protégée », s'intéressa à la misère d'Anne Béqus, à laquelle il donna des secours, et émerveillé de la joliesse et de l'espièglerie de l'enfant, imagina de la placer chez sa maîtresse, une nommée Frédérique, dite Souville, courtisane qui avait un nom à cette époque-là. Celle-ci trouva bientôt que la

---

(1) *La du Barry*, par E. et J. de Goncourt. Brevet de don du pavillon de Louvetiennes en faveur de Mme la comtesse du Barri (Archives Nationales, *Registre des Brevets*).

fillette grandissait trop vite, elle convainquit alors M. Dumonceau à la faire entrer au couvent de Sainte-Anne, communauté dont la spécialité était, disait-on, de « prévenir les chutes ». Cela ne devait pas être le cas. La petite Jeanne, coquette et fille née, ayant assez vu chez la maîtresse de son protecteur, gâtée de chatteries et de caresses, ne put se refréner sous les deux voiles noires et la guimpe commune, dans l'austérité et la soumission au travail manuel de la maison de la rue Neuve-Sainte-Geneviève. Elle y porta le tapage et le mauvais exemple à tel point qu'on l'en dut chasser. Elle rentra chez la Frédérique, qui trouvant grandies, formées et par cela plus dangereuses les grâces de la jeune fille, imagina un scandale et chassa de chez elle la mère Béqus et sa fille. A quinze ans, alors, Jeanne va par les rues vendant de la petite « quincaillerie ». « Boutique en plein air, métier scabreux, négoce si petit qu'il semble un prétexte, courses douteuses sur le pavé glissant, exposées aux propos, aux offres à la nuit, à la misère qui racole, aux domestiques qui ramassent du plaisir pour leurs maîtres... » (1) il est facile de concevoir quelle fut son existence. C'est ainsi que le comte de Genlis s'étonna fort en reconnaissant plus tard à Versailles dans la femme à laquelle il était présenté, la fille des rues qu'un soir son valet lui avait amenée.

---

(1) E. et J. de Goncourt, *La du Barry*.

Heureusement un changement vint soustraire la petite à cette vie douteuse. Un oncle à elle ou prétendu tel, le prêtre Picpus, à la fois aumônier et souffleur de comédie du château de Cour-Neuve, fit venir sa nièce. Mme Lagarde, femme d'un fermier général, et qui amusait sa vieillesse avec un théâtre de société, se laissa charmer par la jeune fille, et la retint en qualité de demoiselle de compagnie. Mais Mme Lagarde avait des fils. Ce qui devait arriver ne se fit pas longtemps attendre, une intrigue commença si bien que mère et fille retombèrent de Cour-Neuve sur le pavé de Paris. Entre temps Anne Béqus épousait un M. Rançon. C'est sous ce nom que Jeanne entra chez un marchand de modes de la rue Saint-Honoré, M. Labille. L'histoire d'une demoiselle de modes n'est point utile à faire, on devine surtout ce que ce devait être au dix-huitième siècle. Après quelques temps où on lui suppose foule d'intrigues, survient la liaison de Jeanne avec un coiffeur Lamet. Sitôt nouée, sitôt dénouée; quand la petite installée aux frais du coiffeur lui a mangé jusqu'à son dernier argent, Lamet s'enfuit en Angleterre. La jolie fille se désolait lorsque sur la présentation de sa mère, elle entre dans la maison de jeu de Mme Duquesnoy. Là, la charmante Jeanne, au milieu du cercle attiré par la curiosité et la beauté de la nouvelle, ne tarda pas à s'emparer du comte du Barry. Ce gentilhomme Toulousain, qui faisait grand bruit de sa descendance, avait passé à Toulouse, une jeunesse toute occupée à la débauche et à écorner une assez jolie fortune. A vingt-huit ans il plantait là sa femme et venait à Paris, où grâce à l'appui de Mme de Malause et à son propre caractère ambitieux, il se fraya dans la bonne compagnie et se poussa à de bonnes relations. La diplomatie le tentait mais, éconduit successivement par les ministres Rouillé, Bernis et Choiseul, il abandonna ses rêves. Il obtint de Berryer un intérêt dans les fournitures de la marine, et de Belle-Isle un intérêt dans les fournitures de la guerre, puis dans les vivres de la Corse. Il reprit alors le cours de cette existence de joueur et de libertin cynique et sans entraves qui lui valut le surnom de « Roué ». Entre lui et la Lange — tel était le nom de guerre de Jeanne — il n'y eut qu'un appareillage où chacun trouvait ses convenances. Aussitôt la liaison finie et tombée à l'indifférence, ce devint un projet de fortune. Le Roué était coutumier de ce genre d'opérations et les rapports de police de l'époque ne laissent aucun doute à ce sujet. Aussi la phrase de Richelieu, qui disait, dans un rendez-vous de mauvaise compagnie, que le Roi depuis la mort de Mme de Pompadour, cherchait une maîtresse, ne fut pas inutilement prononcée. Le Roué déclara tout haut qu'il était homme à porter lui-même la Lange dans le lit de Sa Majesté. Richelieu répondit en plaisantant : « Eh bien va voir

Lebel, peut-être par son moyen la favorite obtiendra-t-elle pour un jour les honneurs du Louvre ».

La curiosité de Louis XV éveillée par les racontars de Lebel et de Richelieu fit, que, durant un souper chez Lebel, la du Barry, enhardie par le champagne, gaie outre mesure autant que folle, charma le Roi qui, caché dans une pièce voisine, regardait par une ouverture pratiquée dans la cloison. L'impression fut si vive que Sa Majesté mandait le soir même la du Barry.

A partir de cette première entrevue, le succès est assuré et la fortune de la courtisane ira grandissante. Néanmoins pour dissimuler l'origine de la fille, on lui dressa un faux acte de naissance, et le Roué, la maria à son propre frère Guillaume du Barry, officier dans la marine. Ceux qui avaient cru à une passade, Lebel, Richelieu et le Roué lui-même, comprirent alors que la chose avait mieux réussi qu'ils ne l'avaient pensé. Maîtresse clandestine du Roi, officielle ensuite, la du Barry guidée de loin, par correspondance dans tous ses faits et gestes, par le Roué, instrument des passions politiques de l'époque, les esprits ne voient plus en la courtisane qu'un moyen, une arme, avec laquelle un parti tue un parti. C'est-à-dire l'église et la royauté d'une part, la révolution de l'autre, le vieil esprit et les habitudes françaises d'un côté, les audaces nouvelles et M. de

Choiseul de l'autre. Le premier parti avec la courtisane triomphera. Une anecdote tirée d'un journal inédit, nous donnera le ton de l'esprit d'alors et la raison de la fortune de la du Barry est là : « Le 1er février 1769, veille de la chan-
« deleur un ecclésiastique, ami de l'auteur de ce
« journal manuscrit, alla dîner dans une maison
« inconnue à lui. Il n'était bruit à ce moment là
« à Paris que de la comtesse du Barry. Au des-
« sert, un autre ecclésiastique invite les dîneurs
« à boire « à la présentation ». Comme notre
« premier prêtre, ne comprenant ce dont il
« s'agissait, demandait si c'était de la présen-
« tation de Notre-Seigneur au Temple, qui devait
« avoir lieu le lendemain, que l'on parlait, celui
« qui avait porté à la santé, répondit: « C'est à
« celle qui a eu lieu hier ou doit avoir lieu
« aujourd'hui, à la présentation de la nouvelle
« Esther qui doit remplacer Aman, et tirer le
« peuple juif de l'oppression. Aman c'était le
« duc de Choiseul, Esther, la du Barry. »

Cette présentation de la concubine à la Cour se fit longtemps attendre, on eut dit une guerre tant les passions étaient vives dans les deux partis opposés. Elle eut lieu pourtant, nous l'avons déjà dit, le 21 avril 1769, après bien des réticences, des hésitations suscitées par masse d'intrigues, malgré les hostilités des uns, les paris des autres, conduite fièvreusement par le parti clérical et royal.

La du Barry, tout d'abord, fut accueillie

froidement, glacialement par la Cour, non seulement à cause de son extraction, mais pour son ignorance et les « bévues » de toutes sortes qu'elle commettait à chaque mot. Petit à petit cependant les scrupules tombèrent, la glace se rompit au fur et à mesure que la maîtresse se façonnait aux courtisaneries et au joli maintien. Bientôt elle devint l'objet de tous les hommages, de toutes les bassesses; les hommes de lettres lui dédièrent leurs ouvrages, les peintres firent son portrait, enfin au comble de la gloire la du Barry fut l'instrument de toutes les intrigues entre partis. C'est à cause d'elle que Choiseul tombe. C'est elle qui préside les revues; chez elle que dînent les officiers; encourageant les arts, c'est elle qui ouvre le salon de peinture et de sculpture. Enfin c'est elle la Reine. Habile, comme une femme, elle est montée, sans forfanterie, il est juste de dire qu'elle ne s'est pas imposée, elle s'est glissée : lorsqu'on lui refusait les hommages, elle ne les a pas forcés, elle les a attendus et ils sont venus. Elle s'est montrée la digne élève du « Roué ». Mais à part la lutte avec Choiseul, elle n'est pas ce qu'était Mme de Pompadour, dont la vie était politique et appartient à l'histoire. La du Barry appartient aux chroniques, son existence est celle d'une fille entretenue magnifiquement, partageant les honneurs dont jouit son amant. Couturiers, joailliers, ébénistes, tapissiers gravitent autour d'elle. La garde-robe est incomparablement luxueuse, les diamants de toute beauté, l'intérieur de son palais de Louveciennes magnifique. Ce palais est un boudoir où tout a « le fini, le précieux d'un bijou »; édifié, comme d'un coup de baguette enchanteresse, en trois mois par Ledoux, elle en récompensa l'architecte en le faisant nommer de l'Académie.

Luciennes était un pavillon carré, avec cinq croisées sur tous les côtés; la façade présentait un péristyle de quatre colonnes ioniques dont le fronton montrait une bacchanale d'enfants sculptés en bas-relief par Lecomte (1).

La décoration intérieure excéda toute louange, il est permis pourtant de trouver exagéré l'enthousiasme qu'elle inspira alors. Le beau a des bornes, quand on s'en éloigne on risque fort de faire lourd et fatiguant. La partie picturale appartient aux palettes de Fragonard, Drouet, Biard, etc.; la sculpture aux ciseaux de Pajon, Allegrain, Lecomte.

Il suffit de jeter un coup d'œil sur les comptes de cette époque pour se faire une idée des sommes englouties. Le banquier et la caisse sans fond étaient le trésor. En 1770, la Du Barry reçoit un revenu annuel de 40,000 livres; l'année suivante, sur les 300,000 livres dont le

---

(1) Nous regrettons que l'actuelle propriétaire ait mis à notre désir de faire prendre une vue de ce pavillon, le veto de scrupules que nous avons cru bienséant de respecter. — REX.

décès du comte de Clermont amenait l'extinction, on alloue à la maîtresse une rente viagère de 100,000 livres. En outre que d'argent, que « de pots de vins » elle obtint grâce à la honteuse complicité de l'abbé Terray, contrôleur général.

Ce gouffre où s'engloutissait l'argent français ne servait à rien, qu'à entretenir une maison de licence. Loin d'apporter en son rôle, comme Mme de Pompadour, la décence et le tact féminin, la du Barry se démène comme une fille de faubourg. Elle redevient canaille. Les fêtes à Louveciennes ne sont plus ce qu'elles étaient à Bellevue, ce ne sont plus les divertissements nobles, les jeux charmants, les comédies spirituelles, les opéras galants et toutes les inventions « aimables » de la Pompadour. Ce sont les plaisirs gaillards et libres, les soupers de cabinets où tout est à la gaudriole, les spectacles grivois représentés par des comédiens du boulevard du Temple. Tout au contact de la fille s'avilit et s'effondre. Les mots des rues remplacent les « grâces » de la Cour. C'est l'abjection, le libertinage éhonté, le badinage équivoque, les joies viles, les rires ignobles. La du Barry elle-même, enhardie par la licence qu'elle engendre, quitte ses beaux airs appris, son masque de favorite; pour redevenir la « Lange » d'autrefois, la fille de maison de jeu, la harengère. » « Et les voûtes de Versailles, « étonnées et honteuses, entendirent ces mots

« d'une femme à un roi de France : « La
« France, ton café f..... le camp ! » (1).

Ce fut là le malheur de cette liaison du roi, elle ruina le respect de la royauté. La Majesté royale se montre dans l'alcôve où gambade la plus basse des filles, qui ravale tout à son niveau, se fait porter ses mules au saut du lit par le nonce du Pape.

Le peuple perd sa foi. La royauté n'est plus qu'un sujet de curiosité pour lui, de « rigolade. »

« Et il vous vient à l'idée, disent assez justement MM. de Goncourt, de vous demander si cette fille du peuple, qui amène à Versailles la langue des Halles, n'était pas prédestinée à être dans le palais de nos rois la portière de la Révolution et à ouvrir à Octobre » (2).

Le grand ennui de la du Barry dans la vie était le Roué, son amant et beau-frère, qui réclamait, sollicitait et quand il n'obtenait pas, clamait qu'il ferait sauter tout le monde. Comme à une place qu'il demandait on lui répondit qu'elle était déjà donnée, il s'écria : « Si l'on ne savait pas que c'était lui qui avait donné une maîtresse au roi, etc... » La du Barry lui ayant fait dire qu'il lui fallait apprendre à tourner sa langue sept fois dans sa bouche avant de parler, la fureur du Roué fut à son comble

---

(1) La du Barry. E. et J. de Goncourt.
(2) *Idem*

et il lança contre son ancienne maîtresse la chanson fameuse qui eut du succès dans les rues :

>Drôlesse !
>Où prends-tu donc ta fierté ?
>Princesse !
>D'où te vient ta dignité ?
>Si jamais ton teint se fâne ou se pèle,
>Au train
>De catin
>Le cri du public te rappelle, etc., etc.

Le 27 avril 1774, Louis XV alors à Trianon, se sent mal, on le transporte à Versailles. Le 30, la petite vérole est déclarée. Le 3 mai tout va mal. Le roi, au soir, fait appeler Mme du Barry, la fait approcher de son lit et lui dit à voix basse : « Madame je suis mal, je sais ce que j'ai à faire. Je ne veux pas recommencer la scène de Metz : il faut nous séparer. Allez-vous en à Ruel, chez M. d'Aiguillon, soyez sûre que j'aurai toujours pour vous l'amitié la plus tendre. »

Le règne de la du Barry était fini !

Deux jours après la mort du roy, son successeur envoie à la du Barry une lettre de cachet par laquelle il lui est enjoint de se retirer à l'abbaye de Pont-aux-Dames et de ne jamais paraître à la Cour. Par les relations qu'elle a gardées, elle obtient d'en sortir à la condition qu'elle résiderait à 10 lieues de la Cour. Elle achète alors la terre de Saint-Verain, près Arpajon.

Le 6 novembre 1775 elle revient à Louveciennes, grâce à Maurepas. Là elle entretient des relations amoureuses avec lord Seymour, ambassadeur d'Angleterre, puis avec le duc de Brissac, qui fut massacré le 8 septembre 1792. La Révolution grondait, la du Barry fut l'objet de toutes sortes d'attaques de chantage. Son rapprochement marqué avec la reine Marie-Antoinette, les soins qu'elle fit donner à Louveciennes aux gardes du corps recueillis tout sanglants pendant les journées d'octobre; les subsides qu'elle envoya généreusement à la Reine, la désignait à la fureur populaire. Ses relations avec le duc de Cossé-Brissac la faisait suspecter. Enfin le vol de ses bijoux, qui se commit dans la nuit du 10 au 11 janvier 1791, les affiches placardées dans Paris « Deux mille louis à gagner; diamants perdus » avec le détail de tous les objets s'étalant aux yeux de la misère, de l'envie, excitant la cupidité, fascinent terriblement la populace qui en épèle la nomenclature.

Ses quatre voyages successifs à Londres, où on lui avait signalé que les voleurs étaient arrêtés, tout, si elle eût dû être omise, contribuait à la désigner aux révolutionnaires.

A ce moment l'Assemblée législative remplaçait la Constituante, la Haute-Cour entrait en fonctions à Orléans et la guillotine se dressa. La famille royale était enfermée au Temple et pendant que les prisonniers de l'abbaye et d'Orléans étaient massacrés, la tête de Cossé-Brissac était jetée sur la table du salon de Louveciennes sous les yeux de la du Barry. On ne lui laissa pas le temps de pleurer son amant; le jour même le *Courrier Français* faisait courir le bruit de l'arrestation de la « vieille héroïne de l'ancien régime ». Il n'en était rien, mais cette fausse information dont les termes calomniateurs avaient une portée effrayante ne fut pas démentie, malgré la promesse du directeur à l'envoyé de Mme du Barry. Le procès de d'Angremont avec lequel elle avait eu des rapports d'affaires, fit peser des soupçons sur elle. Elle dut comparaître devant le Comité de Sûreté générale. L'abbé Fauchet qui présidait ce comité, satisfait de ses réponses, la laissa libre. Au retour d'un dernier voyage en Angleterre, elle trouva les scellés apposés sur Louveciennes. Dans le village un club s'était fondé sous l'instigation d'un certain Greive. Parmi les membres de ce cercle, dit « de défense des braves sans culottes de Louveciennes », se trouvaient deux valets de la du Barry, Salenave et un nègre Zamore. Le premier, congédié pour vol, fomenta avec Greive le complot. Le club rédigea une adresse à ses administrateurs, profitant en cela de la loi du 2 juin qui ordonnait aux autorités de tout le territoire républicain de mettre en état d'arrestation toutes les personnes notoirement suspectes d'aristocratie et d'incivisme. Sur l'acquiescement obtenu à son adresse, la députation du club menée par Greive et Salenave convoqua la commune à dresser la liste des personnes à arrêter; en tête, bien entendu, se trouvait le nom de la du Barry. Elle fut arrêtée aussitôt; mais le citoyen Boileau, membre du district, lève le prononcé de l'arrestation et réinstalle la du Barry chez elle. Greive ne se compte pas pour vaincu. Il rédige une nouvelle adresse dont il donne lui-même lecture à la barre de la Convention. Fort de l'approbation qu'il reçut, il procède à nouveau à la saisie de la du Barry qui est conduite à Versailles, dans la maison d'arrêt. De là, la comtesse, instruite des griefs, écrit une contre-adresse qui se couvre de signatures de tous les habitants de Louveciennes. Les portes de la prison se rouvrirent. Mais le club, avec Greive à sa tête, ne céda pas. Le « désorganisateur du despotisme » lança un pamphlet le 31 juillet 1793. Ce pamphlet, rempli de détails intimes fournis par le nègre Zamore fit grand bruit. Mme du Barry se débarrassa du traître qu'elle avait elle-même tenu sur les fonts baptismaux. En outre le pamphlet dénonçait certains administrateurs du district à la complicité desquels devait, la du Barry, l'exception dont elle jouissait. Enfin une nouvelle pétition, toujours rédigée par Greive, signée par les membres du Comité de Versailles et soumise au Comité de Sûreté générale, amena l'arrestation définitive. — Le 22 septembre 1793, Greive, escorté de deux gendarmes, du maire, du juge de paix, procède à cette arrestation. Mme du Barry est conduite dans une « guinguette » — voiture publique — à Sainte-Pélagie. Les scellés furent apposés sur le pavillon de Louveciennes. Et l'instruction commença ainsi qu'il se faisait en cette période terrible. Greive rédigea les chefs d'accusation. La du Barry fut transférée à la Conciergerie où elle occupa la cellule de Marie-Antoinette, « comme s'il eut été dans ses destins d'usurper jusque dans l'agonie, la place et le lit d'une reine ». Chacune de ses réponses aux questions qui lui sont posées devient, par une interprétation fausse, une nouvelle accusation. Sur ces entrefaites le bruit court que le citoyen Lavallery, celui-là même qui avait conseillé à la du Barry de fuir, qui peut-être avait éprouvé pour la femme un sentiment amoureux inavoué, s'était jeté à la Seine au Port de Marly.

Le 6 décembre 1793 (16 frimaire) la du Barry comparait devant le Tribunal criminel révolutionnaire. Et le procès commence : le lendemain elle est condamnée à la peine de mort. Elle est accablée. Perdant la tête sous le coup qui la frappe, elle veut se sauver en faisant de nouvelles déclarations qui la perdent davantage.

Le 18 frimaire elle monta sur la charrette; et la foule, le peuple amassé, se pressait pour regarder cette femme, la « courtisane du cy-devant tyran », qui, elle ne voyait rien, pleurait, sanglottait et criait : « Mes amis, sauvez-moi, je n'ai jamais fait de mal à personne, au nom du ciel sauvez-moi ! » La populace si bien habituée à voir mourir bravement, sans une parole, s'étonnait de cette douleur; déjà l'émotion gagnait, l'ébranlement précurseur de la pitié. On pressa le convoi. A quatre heures trente minutes la charrette arrivait sur la place de la Révolution. La du Barry folle d'angoisse et de terreur se débattait en montant à l'échafaud, demandait grâce à l'exécuteur : « Encore une minute, monsieur le bourreau ! » Et sous le couperet de la guillotine elle cria éperduement, comme une femme que des brigands assassinent « A moi ! A moi ! »

Tel est le souvenir, honteux d'abord pour le règne qu'il entache, pitoyable pour la Révolution, dont ce ne fut pas le plus grand crime, qui s'évoque en ce lieu. Le Pavillon que nous voyons aujourd'hui à peu près tel qu'il était et où l'on peut voir le placard où se cacha la du Barry, lors de sa dernière arrestation, a été adjugé le 7 août 1795, au citoyen Delapalme moyennant 6.000.000 en assignats. Il a appartenu par la suite à M. Lafitte; aujourd'hui, la comtesse Tahl de Lancey en est propriétaire.

Bougival fait partie du département de Seine-

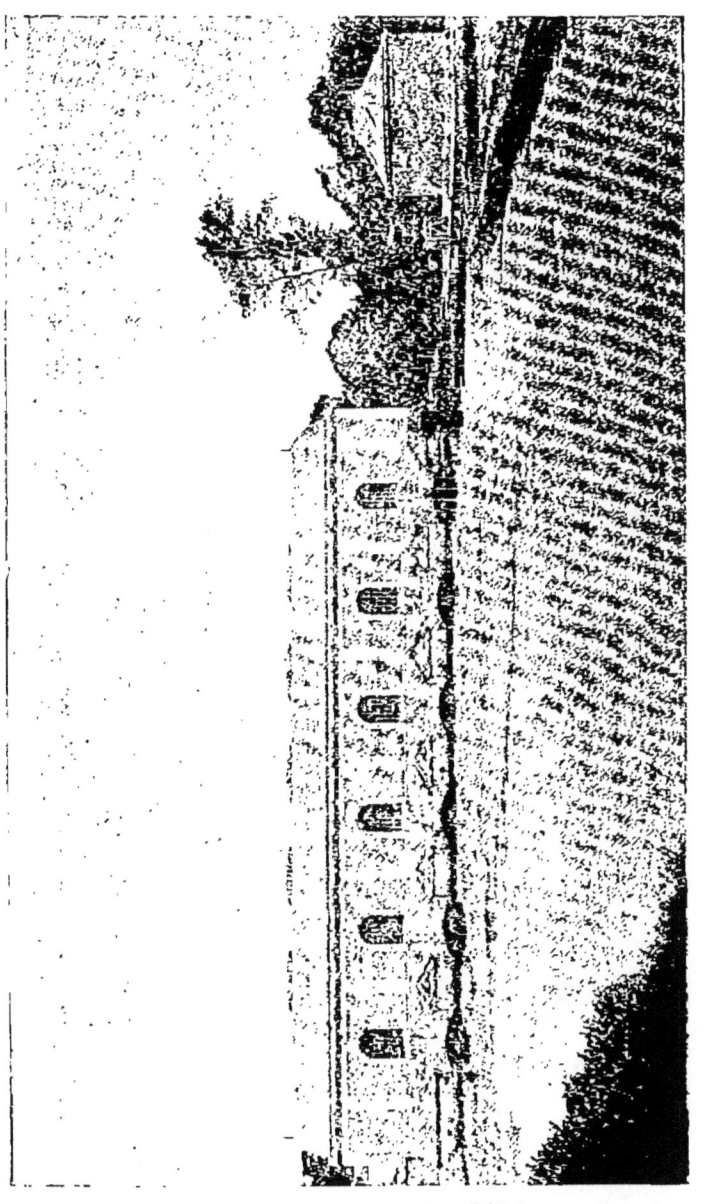

La Machine de Marly, 1858

(Page 134)

et-Oise, arrondissement de Versailles, canton de Marly-le-Roi et compte 2,200 âmes environ.

La Machine

Auprès de la Machine, en face des bâtiments de l'administration technique, sur le trottoir de droite se dresse un peuplier de toute beauté. Cet arbre de la liberté planté en 1793 a coûté, ainsi que nous l'avons trouvé en un document de l'époque que nous avons eu sous les yeux : « Pour arrachage, transport et plantation, 27 francs 17 sols ». Chaque année on s'y rendait pour le fêter, les « rubans, bonnets », etc., dont on garnissait son feuillage coûtèrent 15 francs, le charretier fut payé 20 francs.

Nous voici à présent devant la puissante machine, sans laquelle Versailles resterait à sec.

Lorsque Louis XIV bâtit Versailles, le grand inconvénient était l'absence d'eau : tout de suite on songea aux moyens de s'en procurer. Le ministre Colbert ayant appris qu'un gentilhomme liégeois, ingénieur, possédait dans son château de Modave, ancien domaine des comtes Marchin, un appareil élevant l'eau à une grande hauteur, le fait donc appeler à la Cour. Cet ingénieur, M. Deville, arriva accompagné de ses ouvriers, tous Wallons, parmi lesquels se trouvait Rennequin Sualem. Avant d'entreprendre les travaux, on fit un essai sur la Seine en face la terrasse de Saint-Germain et la pleine réussite de cette tentative décida de la construction de la Machine. Tout l'honneur en revient, contrairement à ce que l'on en a dit, à Rennequin Sualem, sans lequel la Machine n'eut jamais existé. La conception évidemment enfantine de nos jours était en 1685 l'objet d'une admiration justifiée.

« Dans cette machine, le premier mobile est
« un bras de la rivière de Seine, lequel par son
« courant fait tourner plusieurs grandes roues
« qui mènent des manivelles, et celles-ci des
« pistons qui élèvent l'eau dans les pompes;
« d'autres pistons la forcent à monter dans des
« canaux le long d'une montagne jusqu'à un
« réservoir pratiqué dans une tour fort élevée
« au-dessus du niveau de la rivière; et l'eau de
« ce réservoir est conduite à Versailles par le
« moyen d'un aqueduc. M. Weidler, professeur
« en astronomie à Wirtemberg, a fait un traité
« des machines hydrauliques dans lequel il
« calcule les forces qui font mouvoir la Machine
« de Marly: il les évalue 1,000,594 livres, et il
« ajoute que cette machine élève tous les jours

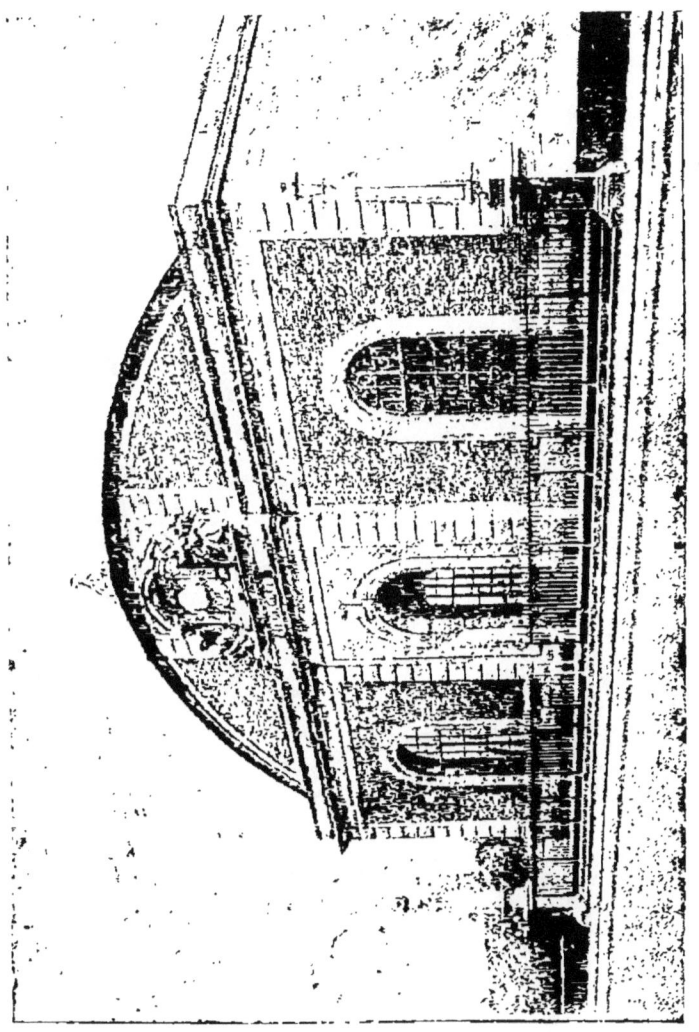

La Machine de Marly, 1858

(Page 134)

« 11,700,000 livres d'eau à la hauteur de 500
« piés » (1).

Cette définition, par trop succinte, nous allons tâcher de la compléter. Le bâtiment principal, qui était sur la Seine, contenait quatorze grandes roues à palettes de trente-six pieds de diamètre chacune actionnant deux cent cinquante-trois pompes élevant l'eau à 154 mètres; chaque roue commandait deux manivelles produisant des mouvements verticaux qui, par des coudes, devenaient horizontaux. Les pompes, ainsi mues, refoulaient l'eau dans le sens de la pente de la montagne depuis la rivière jusqu'à l'extrémité supérieure sur une course horizontale inclinée de 1,236 mètres. Cette eau menée par cinq conduites de huit pouces jusqu'au puisard à mi-côte, était ensuite conduite par un tuyau de dix-huit pouces de diamètre dans un réservoir d'où elle était distribuée dans deux puisards, puis encore refoulée par les pompes dans des conduites de huit et six pouces, vers le puisard supérieur. De là encore, l'eau était refoulée dans la tour, d'où elle entrait dans l'aqueduc pour aller jusqu'aux réservoirs. Il y avait plusieurs réservoirs, ceux de Marly et de Louveciennes fournissaient l'eau à Marly seulement, ceux de Roquencourt, du Chenais, de Chasseloup

---

(1) *Encyclopédie des Sciences, des Arts et des Métiers*, Diderot, d'Alembert. Genève MDCCLXXVIII.

fournissaient l'eau à Trianon. La Machine fonctionnant, jour et nuit, quand les eaux de la Seine étaient hautes, donnait en vingt-quatre heures 779 toises et 1 6 cube d'eau. Quand le fleuve était bas, la quantité diminuait de moitié. Les chaînes, les manivelles, balanciers, leviers par leurs allées et venues faisaient un bruit lamentable qui s'entendait à plusieurs lieues à la ronde.

L'aqueduc intact encore de nos jours, majestueux et digne des Romains en sa simplicité imposante, bâti de pierres, mesure 330 toises de long et compte trente-six arcades. Aux deux extrémités sont deux châteaux d'eau. L'inventeur de cette machine, Rennequin Sualem, né à Jemepe, principauté de Liège, le 29 janvier 1645, mourut en 1708. Il a été enterré, nous l'avons déjà dit, à Bougival, en l'église Notre-Dame. Le nom de son père était exactement René Sualem, le mot de Rennequin signifie donc évidemment, fils de René. Rennequin Sualem avait deux frères et deux sœurs résidant à Marly. Un de ses frères nommé Paul l'aida dans la conception de la Machine, mais la solidarité des deux ouvriers fait se confondre leurs travaux. La descendance de Rennequin a été reconstituée par M. Batiffol qui nous apprend qu'un des héritiers du nom de Gervais Rennequin Sualem construisit le pont qui relie l'île Saint-Louis à la cité de Paris. La famille Dauchez vivante à Versailles est descendante de l'inventeur de la

La Machine à feu

(Page 134)

Machine. C'est à tort que l'on a dit que Rennequin Sualem mourut dans la misère, et l'on n'a point eu raison de dire au contraire qu'il laissa une fortune considérable. M. Deville ingénieur auquel on a attribué l'invention de la Machine, touchait, en qualité de régent des eaux, un assez fort traitement alors que Rennequin ne recevait qu'une petite pension, mais cela ne donne pas crédit aux opinions contraires que l'on a émises sur la situation pécuniaire de Rennequin.

Cette machine ne laissa pas d'être bientôt défectueuse, et des dépenses que nécessitait son entretien firent désirer un nouveau mécanisme plus simple et plus efficacement puissant. C'est ce que résolut de trouver le comte d'Angevilliers, directeur et ordonnateur général des bâtiments, qui proposa trois prix à décerner par l'Académie des Sciences à ceux qui fourniraient les meilleures pièces. Ce concours proposé en 1783 pour l'année 1785 ne produisit rien d'appréciable. On remit la proposition au concours pour l'année 1787, Le 18 avril des prix furent décernés. Malgré ces perfectionnements, comme toujours lorsqu'on ne prend pas une mesure radicale, la machine se détériorait chaque jour davantage ; mais les troubles politiques et révolutionnaires détournaient ailleurs les préoccupations. Sous l'Empire, plusieurs ingénieurs français et étrangers s'intéressèrent à la Machine. Le Bélier hydraulique de Montgolfier parut pouvoir s'appliquer et de 1808 à 1810 les travaux pour l'installation de cet appareil furent mis en train, mais le projet fut ensuite abandonné pour celui présenté par M. Baader, ingénieur allemand. En 1812, en conséquence l'Institut commit quelques-uns de ses membres à l'effet d'étudier le nouveau plan. En même temps MM. Perrier offraient d'adapter à la Machine leur système de pompes à feu. Ce fut leur projet qui reçut l'approbation de l'Institut, mais l'invasion des alliés revint tout arrêter. La tourmente passée on reprit les travaux et une puissante pompe à vapeur fonctionna bientôt. En 1858 enfin on construisit le bâtiment que nous voyons sur la Seine ainsi que les écluses.

La Machine définitive, forme, reposant sur dix arches, une salle où s'abritent les six roues à palettes de 12 mètres de diamètre chacune. Emboîtées dans des coursiers en maçonnerie, ces roues sont comme dans le principe mues par le cours de la rivière. Elles se relient par de doubles bielles à l'arbre de couche et actionnent des pompes horizontales à pistons plongeurs lesquelles refoulent l'eau dans ces énormes conduites en fer appuyées sur le sol qui montent à découvert jusqu'à l'aqueduc. Fournissant de 1,500 à 2,000 mètres cubes d'eau par roue et par jour cette machine est l'œuvre de l'ingénieur Dufrayer.

En face, du côté gauche du quai, s'élève le petit temple grec, orné au fronton de sculptures en ronde bosse, qui renferme l'ancienne pompe

Entrée des bureaux techniques

(Page 135)

à vapeur. On peut voir sur le mur intérieur de droite, une peinture représentant la machine de Sualem vue à vol d'oiseau.

A côté, groupés comme une petite cité du moyen âge sont les maisons des bureaux techniques et d'habitations des éclusiers. Il y avait autrefois à la Machine une chapelle qui a disparu aujourd'hui. Le rétable de l'autel de cette chapelle transféré à l'église de Bougival et que l'on y voit à l'hôtel de la sainte Vierge, en est le seul vestige.

Reprenant notre promenade nous voyons à gauche, une grille enfermant un parc. C'est le château de Voisins, ainsi nommé parce qu'il se trouve en le hameau de Voisins, commune de Louveciennes. L'entrée principale s'ouvre devant le château, à Voisins même, c'est-à-dire au faîte de la colline au bas de laquelle nous nous trouvons. C'est l'ancien domaine d'Oger de Cavoye, grand maréchal-des-logis de Louis XIV qui avait épousé Mlle de Coëtlogon, fille de la Reine Marie-Thérèse. Le château devint ensuite propriété de la princesse de Conti, puis du comte Hocquart. Il est aujourd'hui à M. Beer.

Le Pavillon Halévy que nous rencontrerons plus loin, par son seul nom, nous épargne tous commentaires. La famille des Halévy, si célèbre, y demeura. En face de l'île de la Loge où une ferme et le bac primitif qui sert au passage des chariots, nous reportent presque au moyen âge, comme aspect campagnard, s'ouvre le chemin abrupt de Bas-Prunay. Nous sommes alors à Port-Marly. A mi-côte de ce chemin se trouve le château de Prunay dont nous dirons tout à l'heure ce qu'il convient. Ici le décor est charmant, tout y est gai et l'on se croirait perdu loin de Paris, dans une campagne normande. Du château de Prunay la vue est splendide.

CHAPITRE IV

LE PORT-MARLY — LE PECQ — SAINT-GERMAIN

Le Port-Marly

A gauche sur le quai Conti, nous longeons l'enclos d'un parc somptueux ; deux lions couchés gardent l'entrée par laquelle on aperçoit le château austère. C'est le château des Lions, ancienne demeure édifiée par Barjac, valet de chambre du cardinal de Fleury.

Quelques peintures provenant du Château royal de Saint-Germain-en-Laye s'y trouvent. Ces tableaux ornaient jadis la chambre qu'occupa le roi Jacques Ier. Dans cette demeure, propriété de la famille Rodrigues, descendante du créateur des premières voies ferrées, l'on peut voir en outre une salle grandiose voûtée, de toute beauté. Nous traversons le village laid et triste au delà de toute expression. Tournant à gauche par la rue

Saint-Louis, ainsi nommée du patron de l'endroit, nous nous trouvons au carrefour de la route de Versailles et de celle de Saint-Germain. Plus haut, dans la première de ces voies, l'Eglise se dresse à droite. Le temple occupe le centre du bâtiment et se relie par une galerie couverte ornée de massives colonnes au presbytère d'un côté, à l'école et à la mairie de l'autre. La nef de l'église a trois travées et se ferme par un chœur en hémicycle de belle ordonnance. Dans des niches sur les murs se trouvent les statues des évangélistes provenant de l'église de Saint-Germain-en-Laye. Dans une des chapelles latérales on voit une *Descente de Croix* provenant de Marly et donnée par le roi Louis XVI ; de même provenance la petite Vierge en pierre de la chapelle des fonts baptismaux, à laquelle nous ne reprochons que l'enduit de peinture dont on eut le vandalisme de la barioler.

Occupons-nous un peu maintenant de l'historique de ce lieu (1).

Historique. — Situé sur la rive gauche de la Seine au pied de la montagne de Saint-Germain et de celles de Marly et de Louveciennes, au carrefour des routes de Versailles, de Saint-

---

(1) Nous tenons tous les renseignements et documents relatifs au Port-Marly, de M. l'abbé Lancien, curé de la paroisse, qui nous a gracieusement communiqué les copies de pièces de la cure ainsi que la notice historique dont il est l'auteur.

PORT-MARLY — Eglise Saint-Louis

(Page 138)

Germain et de Paris, Port-Marly n'offre pas grand caractère. C'est, pour employer une expression usitée de nos jours un « Trou » dont la population ouvrière et marinière est plutôt pauvre et peu recommandable. L'aspect physique du village qui décrit une sorte de triangle offre quelque ressemblance avec les campagnes minières de la Belgique. Pourtant Port-Marly — on disait autrefois le Port de Marly — par la situation, que nous avons dite, heureuse incontestablement, a été depuis l'époque gallo-romaine un lieu d'entrepôts, d'approvisionnements, ce qui amena sur ce point du fleuve une petite agglomération d'individus. Néanmoins jusqu'à Louis XIII, l'histoire reste muette sur ce village qui était dépendant de la commune et de la paroisse de Marly-le-Roy. Lorsque la cour résida à Saint-Germain, puis à Versailles, le mouvement incessant, les voyages de la suite du monarque, contribuèrent à accroître l'importance du Port-Marly, ainsi que le nombre de ses habitants. Ceux-ci faisaient le commerce des bois et toutes denrées nécessaires à l'approvisionnement de Marly, Saint-Germain et Versailles. Mais, ouailles de la paroisse de la première de ces localités, le soin des choses matérielles leur fit facilement oublier « celui de leur âme, dit
« l'abbé Lemoyne, et quoiqu'ils ne trouvassent
« pas difficile de faire chaque jour, plus d'une
« fois la route de Versailles pour gagner quelque
« bien temporel, ils estimèrent trop long, le

« chemin de Marly, lorsqu'il fallut y chercher
« les secours spirituels nécessaires au salut de
« l'âme ». Vainement s'exerça le « zèle industrieux » des curés de Marly-le-Roy, qui allèrent jusqu'à imaginer des secours temporels pour servir d'appas à ces brebis qui chaque jour s'éloignaient davantage, au point que bientôt le Port devint presque étranger à son église. Sans l'obligation de porter au baptême les enfants nouveaux-nés ou en terre les corps des défunts, cette partie de la paroisse n'eut pas connu de pasteur.
« De là l'ignorance profonde qui a caractérisé
« depuis près d'un siècle, les habitants du Port,
« et tous les vices qui en découlent et ont rendu
« ce canton fameux dans tous les environs ».

La nécessité d'une résolution s'imposait. C'est ce que comprit le vertueux Dauphin Louis, fils du roi Louis XV. Il conçut le projet de réunir en un seul point les ressources qu'offrait le Port de Marly et pour cela de faire ériger à ses frais une église et une maison d'école. Le Roi, son père, s'était décidé à obtempérer à ce désir, lorsque la mort vint frapper le Dauphin qui s'éteignit à Fontainebleau en décembre 1765.

Or, dame Catherine Louise de Brévédent, veuve de messire Jean-Alexandre du Fort, comte de Varneville, maréchal des camps et armées du Roi, chef de brigades de la maison de Sa Majesté, chevalier de l'ordre royal et militaire de Saint-Louis, avait fait l'acquisition du manoir et de la terre de Prunay, situés dans le canton. Pieuse et charitable, la comtesse s'était vouée à la sainte tâche de ramener les habitants du Port de Marly dans la voie du salut. Elle obtint de Monseigneur de Beaumont, alors archevêque de Paris, de faire dire en la chapelle de son château l'office public les jours de fêtes et dimanches, ainsi que d'y conserver les saints sacrements. Lorsque mourut le Dauphin elle usa de son crédit en Cour et de ses hautes relations pour poursuivre le projet du défunt. Elle offrit, afin d'en faciliter l'exécution, de faire don d'un terrain où l'église serait bâtie. Mais la lenteur des opérations et formalités nécessaires en pareille occurence, traîna les choses jusqu'à l'avènement de Louis XVI, lequel s'empressa de remplir l'intention du Dauphin, son père, ratifiée par le Roi, son aïeul, et les plans d'une chapelle et d'une école, réduits à leur plus simple conception, furent dressés. Cependant ceux qu'on avait chargé de ce faire, ne se limitèrent pas à ce qu'on leur avait tracé et l'église, le presbytère et l'école furent bâtis tels qu'on les peut voir aujourd'hui. Le Roi en personne en posa la première pierre, le 2 novembre 1780. Chapelle vicariale desservie par un quatrième vicaire adjoint et résidant en la paroisse de Marly, on n'y devait célébrer que les offices des dimanches et jours fériés, les autres services religieux se devant comme auparavant célébrer à Marly-le-Roy. Mais les notables, le curé et les membres de la fabrique de Marly s'opposèrent à l'érection en commune distincte du Port qu'ils considéraient comme leur tributaire. Ils pétitionnèrent en ce sens auprès du Roy. De leur côté les habitants du Port de Marly s'irritaient de ce que durant un an leur chapelle fut tenue fermée, que les ordres de Monseigneur de Beaumont restassent inexécutés et ils intercédèrent auprès de dame Catherine Françoise, fille du duc de Brissac et épouse du duc Louis de Noailles, pair et maréchal de France, capitaine des gardes du corps de Sa Majesté, gouverneur de Saint-Germain-en-Laye, qui recueillit leurs plaintes et en porta l'expression à la Cour. Elle rencontra les plus grandes difficultés, les obstacles semblaient naître sous ses pas et il fallut cinq années pour les vaincre. Un de ses plus convaincus et zélés adversaires fut son propre beau-frère, Monseigneur le maréchal duc de Noailles-Mouchy, que le curé de Marly-le-Roy avait gagné à sa cause. Les habitants de Marly-le-Roy étaient acharnés dans la défense de leurs droits sur le Port de Marly et le plus féroce de leurs arguments était celui-ci. La taille avait été fixée à une somme par un arrêt du conseil, Louis XIV jugea bon d'en faire don à la ville de Saint-Germain, mais en revanche il fixa définitivement la taille de Marly et son ordonnance fut rigoureusement exécutée. Or, on faisait appréhender aux habitants de Marly-le-Roy que la séparation du Port de Marly d'avec eux, entraînerait qu'ils seraient seuls chargés de la dite taille. Et les Marlésiens alors épouvantèrent les habitants du Port en proclamant que du jour où ils installeraient un curé parmi eux, ils seraient imposés à une somme qui leur ferait regretter d'avoir sollicité l'érection de leur chapelle en paroisse. Le Roy intervint heureusement et pour ôter tout sujet de plainte, il dota la cure du prieuré d'Ennemont, près Saint-Germain, dont il avait la pleine et entière nomination. Les oppositions n'en furent que plus violentes, surtout à chaque fois que les commissaires de Monseigneur l'Archevêque se présentaient pour les informations usitées en pareil cas. La maréchale de Noailles eut néanmoins raison de toutes ces difficultés et de la résistance énergique de Marly-le-Roy.

Le roy Louis XVI termina le différend en prononçant, par Lettres Patentes données à Versailles en date du 29 avril 1785, l'érection en Eglise paroissiale, de la chapelle vicariale du Port de Marly. Une ordonnance archiépiscopale de Monseigneur Le Clerc de Juigné, archevêque de Paris, en date du 7 avril de la même année, conclut de même « sous le bon vouloir et plaisir du Roy »; ordonnance où il est toutefois mentionné que : « voulant conserver
« à l'Eglise paroissiale de Saint-Vigor de Marly-
« le-Roy, la reconnaissance à elle due comme
« première et principale église par la paroisse
« de Saint-Louis de Port-Marly, ordonnons que
« les marguilliers de la dite paroisse de Saint-

« Louis, ou par l'un d'eux à ce spécialement dé-
« puté, il sera présenté au nom et aux frais de la
« fabrique de Saint-Louis chaque année et à
« perpétuité, le dimanche dans l'octave de la
« fête de saint Vigor, *un pain à bénir* dans la
« dite église de Saint-Vigor de Marly, lequel
« député donnera par forme de reconnaissance
« *trois livres d'offrande* au curé de Saint-Vigor
« de Marly et pareille somme à la Fabrique. »
Plus loin il est également stipulé que le « curé
« de Saint-Louis de Port-Marly donnera à la
« même intention *six livres de bougies* au curé
« titulaire de l'église de Saint-Vigor de Marly-
« le-Roy. »

Vers la même époque fut supprimé le Prieuré
d'Ennemont de l'ordre de Saint-Augustin, dont
l'extinction avait été prononcée par ordonnance
de Monseigneur de Lubersac le 18 janvier 1785,
sur le désir du Roy. Les revenus de la Manse
du dit Prieuré, s'élevant à 6.000 livres, furent
cédés à la cure de Saint-Louis de Port-Marly,
pour l'entretien de l'église, de l'école et du
cimetière.

La population de Port-Marly s'accrut rapidement et ce village, que la Révolution épargna, devint florissant. En 1815, les troupes prussiennes
de Blücher, au nombre de 8.000 individus, envahirent Port-Marly, y fusillèrent plusieurs
personnes, prélevèrent une forte rançon, réqui-
sitionnèrent tous les vivres que pouvait fournir
la commune et enfin pillèrent l'église, ainsi

qu'en fait foi le certificat du maire, daté du 15 octobre 1817. A nouveau en 1870, les Prussiens saccagèrent Port-Marly, respectant toutefois le lieu saint (1).

Le Pecq

La route de Saint-Germain-en-Laye nous mène à présent au Pecq. A gauche, sur le flanc du coteau de Marly, se trouve la propriété de Monte-Christo, construite par Alexandre Dumas père et baptisée du nom d'un de ses ouvrages, au temps de la gloire du célèbre écrivain, c'est-à-dire en 1845. Ce ne serait qu'une villa comme il y en a tant, sans les encadrements de croisées moulés d'après Jean Goujon, et les médaillons représentant les grands poètes, Homère, Virgile, Shakespeare, Corneille, Chateaubriand, Goëthe, Hugo, Lamartine. Mais l'absence de l'auteur des « Trois Mousquetaires »

---

(1) Commune du département de Seine-et-Oise, arrondissement de Versailles, canton de Marly-le-Roi, Port-Marly compte 946 âmes. Si l'on y ajoute la population qui séjourne en été, il faut dire 1100.

semble avoir jeté sur cette demeure un voile de tristesse qui en augmente la monotonique laideur.

Par la rue du Pavé-Neuf, nom que dément ironiquement le mauvais état de cette voie, nous parvenons au Pecq en contournant la montagne.

On disait autrefois « Aupec » pour indiquer, dit l'abbé Lebeuf, « la paroisse au-dessus de « laquelle la ville de Saint-Germain-en-Laye s'est « élevée; et ce langage était raisonnable parce « qu'il était tout naturellement dérivé du latin « Alpicum ou Alpecum, qui est le nom que ce lieu « porte dans un titre de plus de mille ans. » En effet Aupec est connu depuis le VIIe siècle, où il était terre fiscale; plus tard, 704, Childebert III le donna à l'abbaye de Fontenelle ou de Saint-Vandrille en Normandie, laquelle abbaye le conserva d'autant plus soigneusement que c'était un vignoble considérable. On y élevait aussi beaucoup de cochons. Vers cette époque, un chevalier, seigneur de Marly-le-Roy, nommé Ervaud, entreprit de ravir la terre d'Aupec; il commença par en voler tous les porcs que les pères avaient engraissés, mais le saint Patron Vandrille lui apparut et lui fit si grande peur qu'il rendit les cochons.

Le Prieuré de Saint-Vandrille était l'un de ceux qui devaient le piment à Notre-Dame-de-Paris le jour de l'Assomption.

En 1596, Henri IV affranchit les habitants du

Église du Pecq

(Page 148)

« Pec » de toutes tailles, impositions, subsides, à la réserve du taillon, pour les dédommager de l'abandon qu'ils avaient fait de vingt arpens destinés aux jardins d'un château qu'il élevait à Saint-Germain pour sa maîtresse, la duchesse de Verneuil. Louis XIII et Louis XIV confirmèrent cette mesure, mais en 1618 les habitants du Pec, voulant montrer leur zèle pour la guerre qui se commençait, se soumirent volontairement à la taille. Imprudence généreuse. Leur village fut vite ruiné et ils durent supplier en grâce qu'on leur rendit leur privilège, 1722. Nous trouvons qu'ensuite vers le xviiie siècle, le collège des Bernardins de Paris, avait une partie de la seigneurie et justice du territoire, probablement en vertu de quelque échange avec l'abbaye de Saint-Vandrille. Mais en 1729, des Lettres Patentes réglèrent que tant pour ce qui en appartenait au Roi, que pour ce qui était aux religieux, la seigneurie et justice du Pec était éteinte et supprimée et que, pour ne faire qu'une même seigneurie et justice avec Saint-Germain-en-Laye, le tout serait fondu en un seul domaine. Le Pecq comprenait les hameaux de Grand-Champs, de Demonval-sous-Mareil, de la Montagne près l'Etang, et d'Echafour ou Vésinet.

Le Pecq n'offre aucun charme et pourtant il ne manque pas de pittoresque; étagé sur le flanc de la montagne que domine Saint-Germain, baignant son extrémité dans la Seine, ses rues tortueuses et abruptes sont bordées de maisons du XVIIe siècle. La population est laborieuse et manufacturière. Fonderies de fer, fabriques de châles, de porte-mines et crayons, d'eaux minérales, telles sont les principales usines. La paroisse est de fort ancienne origine. L'église fut bâtie par les moines de Saint-Vandrille, et lorsqu'en 1740 elle fut restaurée, on découvrit sous l'édifice, des caveaux, dans les murs desquels étaient scellées de grosses chaînes, ce qui a fait supposer que ce devaient être des cachots.

Le pont qui relie les deux rives et commande la route de Chatou ne date que de 1834. Il a remplacé l'ancien pont de bois que le 1er juillet 1815 une poignée d'hommes défendit vaillamment contre l'avant-garde des troupes de Blücher. En remontant dans la direction de Saint-Germain, nous verrons le pavillon de Sully, portant la date de 1603, les terrasses et les grottes ruinées du Château-Neuf, puis une originale demeure, imitation d'une maison forte du XVe siècle, due à la fantaisie architecturale de M. Charvet. A mi-chemin sur la droite, au bout d'une sente se trouve le cimetière, où entre autres reposent les cendres de Félicien David, mort en 1876. Le monument élevé par souscription publique, et attribué à Eugène Millet et Michel Chapu est inachevé, probablement faute d'argent. Le Pecq est commune du département de Seine-et-Oise, arrondissement de Versailles, canton de Saint-Germain-

SAINT-GERMAIN — Monument de M. Thiers
(Page 149)

en-Laye, et compte 1,601 habitants environ.

Nous voici à présent sur la place Royale, que bordent les quartiers de cavalerie de Saint-Germain.

SAINT-GERMAIN-EN-LAYE

La Ville — Le Château — L'Eglise
Les Loges — Saint-Léger

L'avenue Gambetta, puis la rue Thiers que borde le fossé du Château, à droite, nous mènent au centre de Saint-Germain. La place Thiers, où nous nous trouvons, n'est que l'extrémité de celle du Château. Au milieu, faisant face à la gare, se dresse la statue de M. Thiers. Ce monument, œuvre de Fauvel et Mercier, inauguré le 19 septembre 1880, en mémoire de l'homme politique qui mourut en cette ville le 3 septembre 1877, n'est rien moins qu'imposant. Le « Libérateur du territoire », assis en un fauteuil, une carte déployée sur les genoux, avec sa face vieillotte, barrée de lunettes, sa redingote et le col engonçant le cou, donne l'impression de quelque bourgeois enrichi dans les comestibles plutôt qu'il immortalise un grand historien. Et les habitants ont quelque raison de le surnommer « le Cordonnier », car ainsi il fait l'effet de quelque bottier tirant l'aleine. Mais passons.

Histoire. — La ville de Saint-Germain est, quoiqu'on en puisse dire, l'une des moins anciennes des environs de Paris. Dans les temps les plus reculés, Paris était environné de forêts; celle qui renfermait le circuit de la Seine depuis Aupec jusqu'à Poissy portait du temps de Charlemagne le nom de « Lida-Sylva ou Lédia-Sylva ». Au commencement du XIe siècle, c'est-à-dire avant le règne du roi Robert le Pieux, il n'y avait dans toute cette étendue qu'une église du titre de Saint-Vandrille, dépendante de l'abbaye de Fontenelle. Le roi Robert en fit construire une nouvelle sur le faite de la colline, en avant de la forêt de « Lida » et la plaça sous l'invocation des saints Germain et Martin. Vers le milieu du même siècle, cette église qui possédait des terres considérables fut donnée à l'abbé de Coulombs, du diocèse de Chartres. Plusieurs rois augmentèrent successivement les biens du monastère. Ici l'histoire n'est plus que querelles d'abbés et d'évêques, que nous négligerons. En 1453 un des prieurs de Saint-Germain fut arrêté pour crime de magie et condamné à la prison perpétuelle. Par Lettres Patentes, en 1671, le prieuré fut réuni à la cure de Saint-Germain.

L'établissement du monastère attira quelques

paysans et le château dont nous parlerons tout à l'heure, amena des seigneurs, en sorte que le hameau s'agrandit progressivement. Cela formait un noyau considérable, lorsque en 1346, les Anglais conduits par Edouard III, mirent la petite ville en feu, après avoir ramassé un copieux butin. A nouveau, pendant les troubles qui signalèrent le règne de Charles VI, les troupes anglo-saxonnes s'emparèrent de Saint-Germain et le ravagèrent.

A Saint-Germain s'éleva sous Charles IX, la première manufacture de glaces, rivale de celles de Venise, dont le procédé fut apporté en France par le vénitien Thesco-Mutio, naturalisé et ennoblit par le Roy en 1561. Henri IV voulut aussi prouver sa bienveillance pour Saint-Germain en exemptant ses habitants de toutes charges et impôts, privilège qu'ils conservèrent jusqu'en 1789. Ce fut peut-être une des raisons pour lesquelles Saint-Germain, en dépit d'un parti qui s'associa au mouvement parisien, montra une certaine animosité contre les principes de la Révolution qui rétablit les impôts et ainsi s'explique peut être l'attachement des habitants à la cause des Bourbons. Le 3 juillet 1815, les Prussiens prirent possession de Saint-Germain et leur séjour, qui dura jusqu'au 20 octobre, ne fut marqué par aucun excès. Par contre, les Anglais qui leur succédèrent firent de même que leurs ancêtres. Saint-Germain garde un mauvais souvenir de leurs dévastations. En 1870, la ville fut occupée par les Allemands et leur séjour fut ce qu'il a été partout ailleurs.

Le Château

Château vieux. — Sous le règne de Louis le Gros, ainsi qu'en fait foi un acte en date de l'année 1124, il existait déjà une résidence seigneuriale à Saint-Germain. Ce château fut le séjour de prédilection de plusieurs rois de France, Louis le Gros, Louis le Jeune, Philippe-Auguste, Saint-Louis, Philippe le Hardi, Philippe le Bel. Mais lors de l'invasion de Edouard III d'Angleterre le château disparut, dévoré par les flammes. En 1370 seulement, Charles V le reconstruisit. Pendant le règne suivant, en 1390, Charles VI et Isabeau de Bavière étaient allés prendre l'air à Saint-Germain, lorsque pendant qu'on célébrait la messe devant eux une bourrasque survint qui déracina les arbres les plus vieux, fit voler en éclats les vitraux de la chapelle et la foudre frappa quatre officiers du roi. La reine remontra que le ciel manifestait ainsi son mécontentement au rétablissement des impôts et, comme cette princesse était enceinte, elle obtint qu'il n'y aurait point de charges imposées aux habitants. A quelque temps de là les Anglais reprirent position à Saint-Germain, puis en 1435 les Armagnacs s'emparèrent du château, pour ne le céder trois ans plus tard qu'aux Anglais, grâce à la trahison d'un prieur de Nanterre nommé Carbonnet qui en livra les clefs au comte de Warwick — qui commandait Rouen — moyennant trois cents saluts d'or. La trahison connue, le moine fut arrêté et emprisonné.

Louis XI, qui n'aimait point le séjour à la campagne, donna en 1482 à un président de la Chambre des Comptes, Jacques Coytier, son premier médecin, le château, la prévôté et seigneurie de Saint-Germain-en-Laye, mais ce don fut cassé, après la mort du roi, par le Parlement qui rendit la propriété à la Couronne. François Ier qui, au contraire, aimait beaucoup Saint-Germain, où fut célébré son mariage, fit relever le château qui menaçait ruine et les artistes les plus méritants contribuèrent à son ornementation. Ensuite 416 arpents de la forêt furent enclos de murs ce qui forma un parc, immense pour l'époque, où l'on enferma des cerfs, daims et sangliers amenés de Fontainebleau. Henri II, à l'égal de son prédécesseur, habita Saint-Germain où il était né. En 1547, un favori du roi, La Chataigneraie, eut un fameux duel avec Jarnac. Ces deux seigneurs, unis de la plus tendre façon, se brouillèrent à mort pour quelques mots indiscrets. François Ier leur avait refusé la permission de combat à outrance. Henri II la leur accorda. En conséquence le duel eut lieu le 10 juillet 1547, en champ clos, dans le parc de Saint-Germain, en la présence du roi et de quelques seigneurs, dont le connétable de Montmorency. La Châteigneraie, blessé grièvement au jarret, tomba. Sa vie à la merci de Jarnac lui fut remise par le roi. Mais la honte de sa défaite jeta La Chateigneraie dans un tel désespoir qu'il envenima sciemment sa plaie en arrachant les pansements qui la recouvraient, ce qui le fit mourir à vingt-huit ans. Pendant tout le temps qu'ils n'eurent pas l'autorisation de se battre les deux adversaires s'étaient exercés aux armes. Jarnac avait si bien profité des leçons qu'il ne manquait jamais le coup qu'il porta à la Chataigneraie. Cette botte fameuse est depuis lors passée en proverbe, on dit : le coup de Jarnac. Ce combat fut le dernier qui se soit vu en France. Henri II, très frappé de sa fatale issue, interdit désormais tout duel en champ clos.

La Ligue, en 1574, menaçante déjà, Charles IX et sa Cour se retirèrent à Saint-Germain, ville natale du roi. Mais un sorcier ayant prédit à Catherine de Médicis qu'elle mourrait près de là, cette reine quitta au plus tôt la ville.

Henri III convoqua en 1583 l'Assemblée des Notables à Saint-Germain-en-Laye, le résultat de cette assemblée alluma la guerre civile.

Château Neuf. — Henri IV se plut fort à Saint-Germain, ainsi que Marie de Médicis. Lorsque le roi conçut la passion que l'on sait pour Gabrielle d'Estrées, il voulut donner à sa maîtresse, en outre des maisons de campagne qu'il lui avait déjà données et comme meilleure preuve de sa tendresse, une habitation voisine de son propre château. Il fit en conséquence bâtir le château neuf dont une des ailes s'appelait pavillon de Gabrielle. C'est dans la construction de cet édifice, s'il faut en croire un chroniqueur, que furent appliqués pour la première fois les principes hydrauliques destinés à élever l'eau au-dessus du niveau de leur source.

Peu à peu le nouveau château devint plus fréquenté et l'ancien fut négligé. Louis XIII était au château de Saint-Germain quand il sentit les premières atteintes du mal qui devait l'emporter. Un jour qu'il regardait par la croisée le paysage qui s'étendait depuis le château jusqu'à l'horizon, ses yeux s'assombrirent en reconnaissant les tours de Saint-Denis. Il se retourna alors vers ses courtisans et leur désignant le lieu où reposaient ses aïeux dit : « Mes amis, voilà ma dernière demeure ». Il mourut en effet le 14 mai 1643.

Louis XIV, baptisé en la chapelle du château de Saint-Germain, n'aimait pas, on le sait, Paris ; il fixa donc sa résidence dans le château de ses pères. Il y fit faire des embellissements et des changements selon le goût de son époque. La direction des travaux fut confiée à Le Nôtre, qui dessina cette incomparable terrasse qui nous est restée. Le château fut flanqué de cinq gros pavillons, parce qu'il ne suffisait plus à contenir la suite du « Roi Soleil ». Cependant Louis XIV se dégoûta bientôt de son palais et il pensa à Versailles. La vue incessante, aussi, dit-on, du clocher de Saint-Denis l'épouvantait. Et il préféra à Saint-Germain, qui réunissait le charme de la vue la plus magnifique, d'une forêt proche, unique pour la beauté de ses arbres et l'avantage d'une ville toute faite, où rien ne manquait ; il préféra bâtir Versailles, ce lieu ingrat, splénétique et malsain entre tous.

Saint-Germain fut alors habité par Mlle de la Vallière qui cherchait par ses bienfaits, ses aumônes, à se consoler des infidélités de son royal amant. Mais elle n'y demeura pas longtemps. Sur les conseils d'un ecclésiastique elle s'ensevelit vivante dans le couvent des Carmélites, à Paris. Ensuite un roi d'Angleterre vint cacher au château sa douleur et sa honte. Jacques II, précipité deux fois du trône, ne s'occupa désormais que de questions religieuses, il vécut dans le commerce de moines, sans autre préoccupation que de soigner une maladie incurable dont il était atteint. Il mourut à Saint-Germain en 1718. Un poète a dit en parlant de lui :

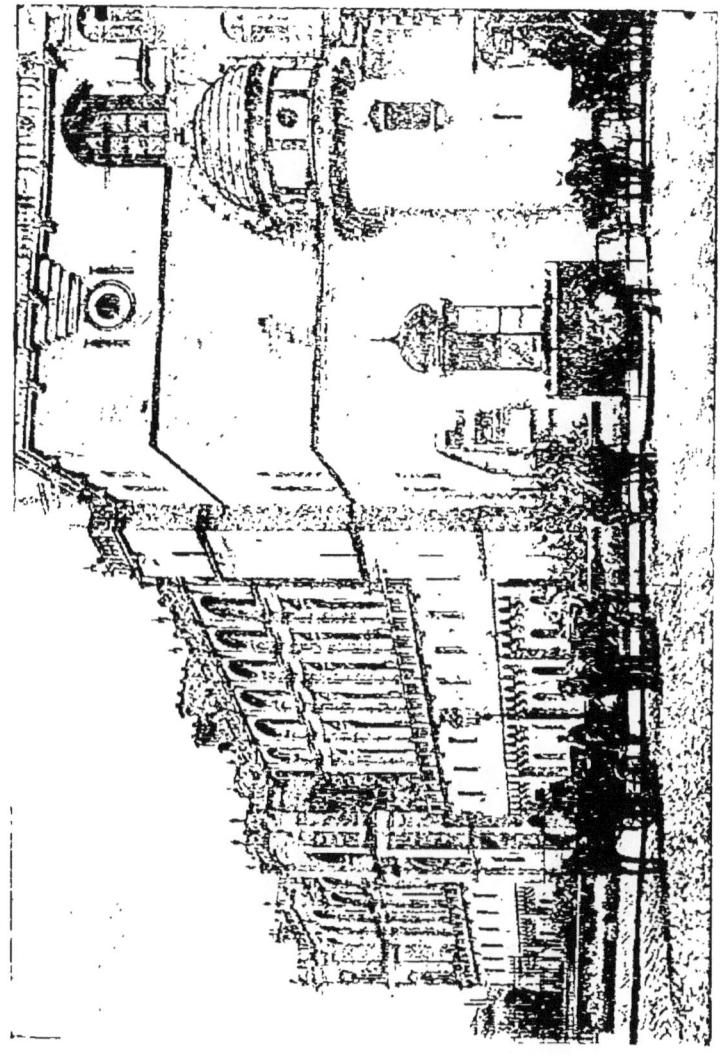

Château de Saint-Germain (côté du nord)

(Page 158)

C'est ici que Jacques second,
Sans ministres et sans maîtresses,
Le matin allait à la messe,
Et le soir allait au sermon.

C'est le dernier personnage historique qu'aient vu les murs du château de Saint-Germain. Les règnes de Louis XV et de Louis XVI n'ont rien fait pour Saint-Germain. Dès la Révolution le parti qui prit part au mouvement eut voulut transformer le château en maison de détention, de même qu'il avait essayé de substituer au nom de la ville celui de Montagne-du-Bel-Air, quand survint le 9 Thermidor. Le château, en 1803, faillit devenir une succursale de l'hôpital Saint-Louis, mais ce projet n'ayant pas abouti, un décret du 8 mars 1809 affecta le dit château en logement d'une école de cavalerie. Mais formé par Louis-Philippe, en prison, le second Empire l'affecta à un musée d'antiquités nationales. Sa restauration, qui est inachevée encore, avait été confiée à M. Millet.

Description. — Physionomie actuelle. — Saint-Germain-en-Laye que sa population de 14,000 âmes met au premier rang des villes avoisinant la capitale, est une ville peu agréable et plutôt triste, à l'aspect provincial incontestablement. En été, toutefois, elle est le rendez-vous de villégiature d'une population très sélect et la présence du monde militaire contribue à lui donner une certaine animation. Un satyrique a dit non pas injustement tout à fait que « si l'on veut voir des êtres bien vides d'idées, bien ennuyés, lourdement maussades et pour qui le temps allonge son cours, il faut visiter les bourgeois de Saint-Germain ». Malgré l'exagération et la différence d'époque, il y a encore quelque exactitude en ce jugement. On sait que Bonaparte disait de Saint-Germain qu'il n'avait de bon que son air et sa forêt.

Puissamment assis, au milieu des fossés profonds qui le ceinturent, sur un double soubassement, percé de petits huis, le château dresse une élégante construction qui rappelle vaguement le château de Chantilly. Bâti de briques et pierres mêlées, dans le goût de la Renaissance, les deux étages se terminent du côté du nord par une voûte dallée formant terrasse d'où l'on jouit de la vue la plus étendue qu'il soit. Avec ses frontons de fenêtres triangulaires au premier étage, cintrés au second, ses gargouilles aux têtes grimaçantes surgissant de loin en loin, ses balcons ornés de vases et de médaillons aux initiales F. F. et aux salamandres tordues dans les flammes, le château ne manque pas, malgré l'empreinte destructive du temps, d'une certaine allure magnifique et l'on peut aisément se rendre compte par le présent de ce qu'il a dû être dans le passé. On y accède par des ponts remplaçant les anciens ponts levis. La chapelle dont la restauration demeure inachevée, revêt un caractère de tristesse, avec ses fenêtres ogivales manquant de vitraux. Et pourtant elle reste élégante et légère, avec sa rose, son balcon à arcades qui borde les combles, ses trèfles, ses sculptures fines et délicates. Autrefois elle renfermait ce qu'il y avait de plus rare. Des peintures à fresque ornaient la voûte, elles étaient de Le Brun, Vouet et Lesueur. Le tableau du maître autel, représentant la « Cène », aujourd'hui au Louvre, était de Le Poussin. Dans la sacristie étaient deux tableaux au milieu desquels se trouvait un crucifix d'ivoire, cadeaux tous trois du cardinal Mazarin ; le tableau de gauche, peint par le Corrège, représentait la Vierge allaitant son enfant ; un autre enfant auprès d'elle soufflait sur un réchaud où cuisait un vase de lait. Celui de droite montrait une mère de piété, figure empreinte de noblesse ouvrage de Annibal Carrache. Quant au christ d'ivoire on l'attribuait à Michel-Ange.

Les appartements royaux du château sont occupés aujourd'hui par un musée qui, lorsque les collections seront définitivement classées, sera remarquable. Il offre déjà une évocation intéressante des époques gallo-romaine, mérovingienne et carlovingienne, en exposant les armes, outils, monuments de ces temps anciens. Mais nous n'avons que faire de guider le lecteur par les salles de ce musée ; nous laissons à d'autres plus compétents cette tâche qui n'est pas la nôtre.

En quittant le château nous arrivons au Parterre, nommé pour la première fois « Boulingrin » *Bowling-green* par Henriette d'Angleterre, femme de Monsieur frère de Louis XIV, sur les inspirations de laquelle le dit Parterre fut tracé par Le Nôtre en 1676. Depuis le Boulingrin a été modifié à deux reprises, en 1750 et 1847. Le second Empire l'a orné d'une statue d'Agrippine de Maillet et d'une réduction du Vercingétorix de Millet. Ce parterre aux allées ombreuses fait une sorte de premier plan à la terrasse et par une avenue se relie à la forêt.

Nous voici à présent sur la fameuse terrasse qui, longue de 2,400 mètres, large de 30, s'étend depuis la grille Royale jusqu'au pavillon Henri IV — le regard embrasse un panorama sans égal.

A nos pieds, une plaine immense, déploie le damier bigaré de ces champs fertiles; la Seine d'une ceinture moirée, piquée de petites îles touffues, la baigne; et quelques maisons, fermes, ruines et villages en égayent l'étendue, de loin semblables à des joujoux. Au loin à gauche, Maisons-Laffitte, fait une large tache blanche; à droite sur les hauteurs de Louveciennes, le grand aqueduc découpe ses arcades sur le ciel, plus loin le Mont-Valérien profile son rectangle morose, la tour Eiffel jaillit derrière. A l'horizon nous reconnaîtrons les coteaux de Montmorency, le fameux clocher de Saint-Denis, et Paris d'où surgissent tant de monuments, parmi lesquels le Dôme étincelant des Invalides, l'Arc de

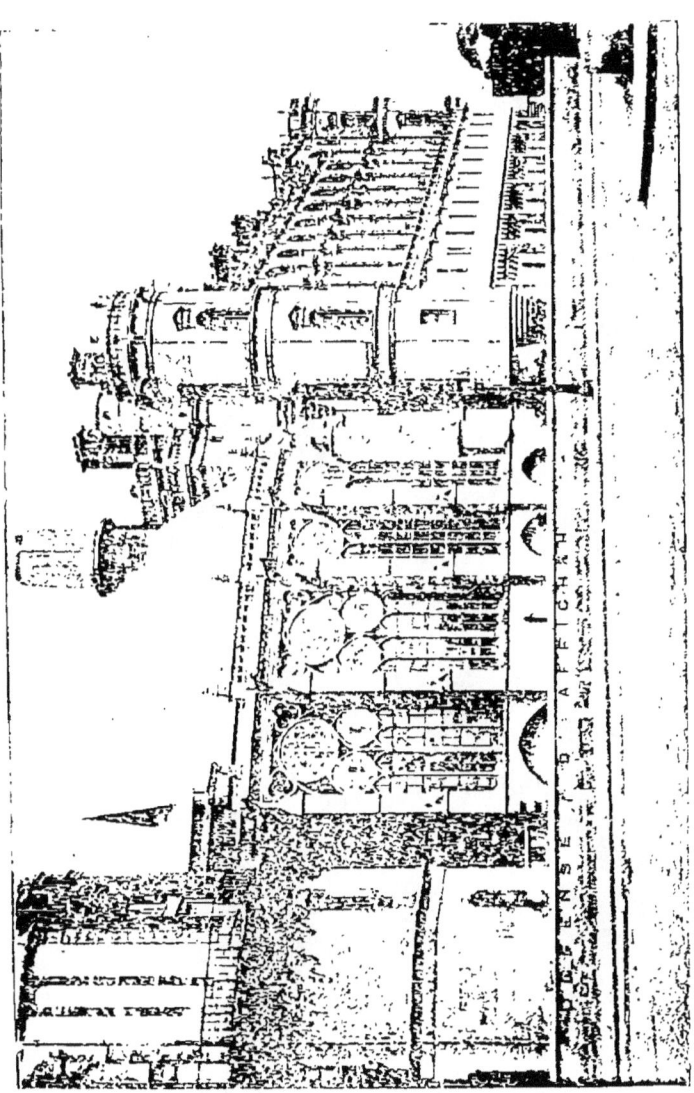

Château de Saint-Germain (côté sud et chapelle)

(Page 159)

Triomphe de l'Etoile, la Butte Montmartre et le Sacré Cœur, Plus près de nous, le Vésinet enfoui dans son parc, à droite la Machine, avec son écumante écluse, Bougival, les hauteurs boisées de La Celle-Saint-Cloud et de la Jonchère, etc., etc.; traversant la Seine, le Pont du chemin de fer, massive construction de pierre; à gauche et devant nous le Pont du Pecq. Il n'y a dans les alentours de Paris aucun point de vue semblable. La Terrasse commencée par Henri IV a été construite en 1672 par Le Nôtre, elle repose sur un mur élevé avec cordon et tablette de pierre soutenant une balustrade de fer. Elle est plantée de tilleuls depuis 1745.

A l'extrémité de cette Terrasse se trouve la Pavillon Henri IV construit, on l'a vu, pour la belle Gabrielle, et que l'on nomma le Château-Neuf. Il y avait autrefois des jardins superposés sur des terrasses qui descendaient jusqu'à la Seine; il n'en reste aujourd'hui que des ruines. Le Pavillon est devenu un hôtel-restaurant fort renommé. Une inscription rappelle que Louis XIV y est né le 5 septembre 1638. Adolphe Thiers y est mort le 3 septembre 1877.

En revenant sur la place, nous trouvons à droite la Gare du chemin de fer, dont l'aspect donne assez une idée du manque de confiance qu'inspirèrent les chemins de fer à leur origine. La vulgarité de cette construction nous passe toute description; la voie ferrée qu'elle commande fut inaugurée le 25 août 1837.

L'Eglise

L'Eglise, du titre de saint Germain, manque totalement de goût, dans la plus simple expression du mot. Bâtie en 1821, son portique repose sur six colonnes doriques, son fronton est décoré d'une « Religion protectrice entourée des Vertus » composition sans charme de Ramey fils. La nef terminée par un chœur en hémicycle, est séparée des bas côtés par des colonnes toscanes; Le plafond, divisé en caissons peints est copié de celui de Sainte-Marie-Majeure de Rome; des fresques d'Amaury Duval couvrent les hauts côtés de la nef, ce sont : la Rédemption, le Verbe, la Miséricorde et la Charité, mais elles se perdent dans l'éclatance vulgaire d'une ornementation par trop lourde. La Chaire, destinée à la chapelle de Versailles, puis donnée par Louis XIV en 1681 à la paroisse de Saint-Germain est également peu séduisante. Son lion héraldique tout entier doré, supporte la tribune chargée de ciselures désagréablement abondantes. Dans la première chapelle de droite se trouve le mausolée de marbre blanc élevé par la reine Victoria à la mémoire du roi Jacques II, et qui renferme les ossements de ce souverain malheureux. Une seule chose nous arrête : c'est la statue de Notre-Dame de Bon Retour, qui se trouve dans le bas côté de droite contre une des

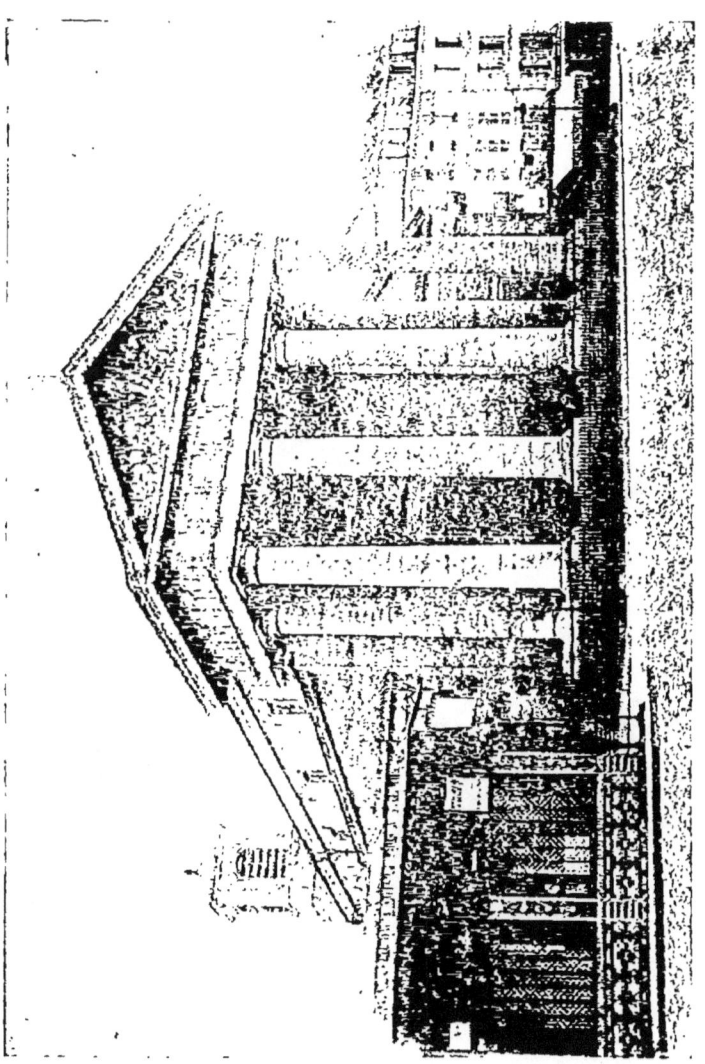

Église de Saint-Germain

(Page 162)

colonnes du cœur. Cette Vierge, curieuse par son cachet d'originalité, est renommée pour ses miracles; l'on peut en juger par la profusion d'ex-votos qui couvrent les parois voisines, et la quantité de cierges que les fidèles font brûler auprès.

Saint-Germain compte encore quelques bâtiments utiles à mentionner. Ce sont d'abord en suivant la rue du Marché, le Marché Couvert; ensuite rue Baronne-Gérard, l'Hôpital-Hospice fondé récemment, dont la chapelle est décorée par M. Lemaire. On cite les boiseries et les vieilles faïences conservées à la pharmacie de l'hôpital. Plus loin après les Abattoirs, à l'extrémité du pays, presque sur la lisière de la forêt, se trouve la Gare de Grande-Ceinture de Saint-Germain. Jusqu'en 1791 se dressaient à cette même place les bâtiments du Monastère d'Hennemont (*Eneac-mons*, mont de Cérès) fondé en 1308 par dame Perrenelle de Gily, nourrice de Philippe-le-Bel.

Repassons par la ville, pour nous engager derrière la Gare dans la route qui nous conduira en forêt à la Maison des Loges.

Les Loges

Cette maison d'éducation se trouve au point dit, étoile de Saint-Joseph. Ce n'était à l'origine qu'un groupe de cabanes de bûcherons; au treizième siècle il y eut une chapelle dédiée à Saint-Fiacre et un manoir qui furent détruits en 1346 par les Anglais. Deux siècles après on y constate une nouvelle chapelle peu fréquentée. René Puissant, compagnon d'Henri IV obtint l'autorisation de s'y retirer et d'y vivre en ermite. Louis XIII se plut à le fréquenter et créa par ce seul fait un pèlerinage. En 1626 les Pères Augustins Déchaussés, connus sous le nom des « Petits Pères » prirent, avec le consentement de l'ermite, possession des Loges et y célébrèrent les offices; René Puissant y mourut le 24 mai 1636. Anne d'Autriche à la naissance de Louis XIV fit construire pour les Augustins, qu'elle affectionnait beaucoup, un couvent aux Loges, dont la première pierre fut posée en nom et lieu de la Reine par Claude de Saint-Simon le 6 juillet 1644. Plus tard, en 1652, la confrérie de Saint-Fiacre obtint de s'établir aux Loges, et à dater de ce jour il y eut deux pèlerinages. Le premier avait lieu le 5 août, jour de la fête de saint Etienne, le deuxième le 30 du même mois, jour de la Saint-Fiacre. La fête des Loges devint alors une solennité champêtre annuelle. Le couvent fut administré par des supérieurs, éligi-

SAINT-GERMAIN-EN-LAYE
Maison d'éducation des Loges *(Page 164)*

bles pour deux années. Le dernier fut Charles-Jean Levacher qui mourut en 1790, et fut enterré sous le porche de l'église.

En 1794 les bâtiments du couvent abandonnés furent employés à l'établissement d'une poudrière. La fête devint alors foraine, elle se célèbre encore aujourd'hui le premier dimanche après le 30 août.

A la poudrière succéda un pensionnat. En 1811 le pensionnat devint propriété du Gouvernement, lequel le destina à recevoir gratuitement les filles orphelines des légionnaires, pour l'instruction desquelles ont eu recours aux religieuses de la congrégation de la Mère de Dieu. Cette institution fut supprimée le 19 juillet 1814, puis réouverte le 27 septembre suivant, sous le titre de Succursale de la Maison de Saint-Denis. Le second Empire en a affirmé les bases, ainsi qu'un récent décret de 1890. Revenons sur nos pas, le monument n'offrant aucun attrait à nos yeux.

Saint-Léger

De Saint-Germain dépendait un village du nom de Saint-Léger avec paroisse fondée par Childéric III, en 668, sous l'invocation du saint évêque d'Autun. Saint-Léger n'est plus aujourd'hui qu'un quartier avancé de Saint-Germain-en-Laye.

Nous quittons la ville par la rue de Paris entre les hautes casernes, et revenus sur la Place Royale, nous descendrons à droite la route de Versailles qui nous ramène à Port-Marly d'où nous guiderons nos pas vers Marly-le-Roi.

CHAPITRE V

SAINT-FIACRE — MARLY-LE-ROI

Saint-Fiacre

Saint-Fiacre est une parcelle de la commune du Port-Marly et se trouve à mi-côte, entre ce village et Marly-le-Roi. A l'angle de la route de Versailles, dans une niche pratiquée au mur de la façade d'un bouchon à gauche, se trouve une statue du patron des jardiniers que l'on vient visiter le premier dimanche après le 30 août. La route que nous suivons fut, dit-on, tracée et pavée par les alliés en 1814, mais cela ne nous semble pas une suffisante excuse à son actuel mauvais état. De droite et de gauche elle est bordée de villas coquettes qui vont charmer nos regards jusque dans Marly. En l'air, traversant d'une colline à l'autre, le viaduc du chemin de fer, profile sa carcasse de fer assise sur de fortes piles, mais son aspect nuit au charme du décor.

Marly-le-Roi

Nous voici arrivés sur une large place devant le grand abreuvoir dont la nappe d'eau scintille entre ses parois ruinées. Quelques chartiers y mènent leurs chevaux se baigner et tandis que coule murmurante l'onde argentée aux premiers rayons du soleil, nous allons remonter dans le passé de ce lieu qui fut le théâtre de tant d'événements que nous ne pourrons qu'effleurer en les relatant d'un trait rapide.

Historique. — Sur le vaste plateau qui sépare Marly de Saint-Germain et dont le promontoire va perdre ses assises sur les rives de la Seine, une gigantesque forêt cachait, aux temps préhistoriques, des cahuttes de Gaulois. Cette forêt, dite de *Cruye* s'étendant sur presque tout le territoire depuis Saint-Germain, où elle se nommait de Ledia était de tous points propice à l'établissement de peuples et à la célébration des fêtes druidiques sanglantes. Les monuments, menhirs, allées couvertes, etc., trouvés récemment encore ne laissent aucun doute à ce sujet. Les Francs vinrent ensuite repousser les Gaulois vers le midi et s'introniser dans la région du *Parisis*. Au Ve siècle les saints Germain d'Auxerre et Denis prêchant l'évangile ruinèrent

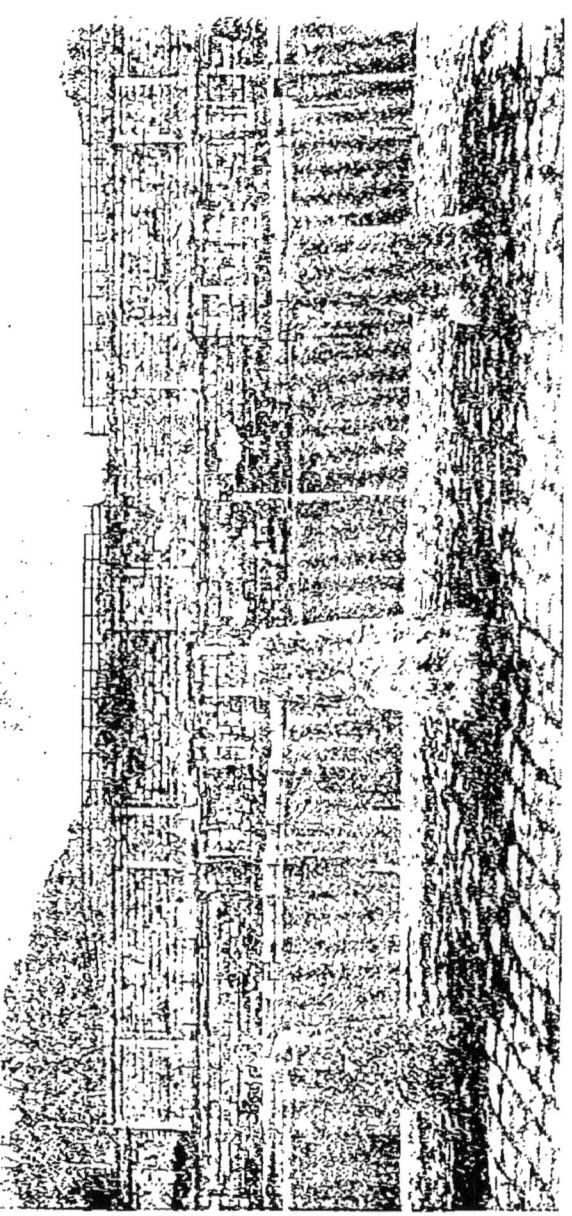

MARLY-LE-ROI — L'Abreuvoir

(Pages 168 et 176)

la religion omnipotente et sauvage des Druides ; la conversion de Clovis et deux siècles plus tard la chapelle que bâtit saint Léger, évêque d'Autun, dans le bas Germain, tout contribua à grouper les malheureux qu'attiraient les paroles d'espérances des continuateurs des apôtres. A la fin du VIIe siècle, deux chartes furent données à Marly, par Thierry, roi de Paris et de Bourgogne, à l'effet de mettre fin aux exactions d'Ebroin, ancien maire du palais, qui, sorti de l'abbaye de Luxeuil où il était enfermé, menaçait toute la contrée. Au IXe siècle les Northmans firent de nombreuses incursions dans les terres de Marly. Mais bientôt calmés par le mariage de leur chef avec la fille de Charles le Chauve, qui leur conférait la Neustrie, ils s'éloignèrent. Marly qui faisait partie du domaine royal fut donné ensuite à des seigneurs puissants avec le titre de baronnie. C'était le siège d'une prévoté et les officiers y devaient rendre la justice au nom du seigneur. Marly est mentionné dans les chartes et actes de bien des manières. Mais l'étymologie la plus vraisemblable est celle que nous donne l'abbé Lebeuf. *Marla* signifie terre grasse, ce qui s'applique parfaitement au sol de ce pays. La maison seigneuriale joignit au Xe siècle ses domaines de Montmorency aux terres de Marly, ce qui amena de sanglantes luttes avec l'abbé de Saint-Denis qui de Rueil avait droit de haute justice de chasse et de pêche, depuis Sèvres jusqu'à Chambourcy, sur neuf lieues de rivière. Les seigneurs de Marly avaient des prétentions sur la Seine ce qui causa pendant des siècles des luttes avec l'abbaye. Cependant Marly devenait village, si bien qu'au suivant siècle, la partie la plus élevée, où se dressait le château, prenait le nom de Marly-le-Chastel et la plus basse celui de Marly-le-Bourg. Il y avait alors deux églises, l'une attenante au château, sous l'invocation de Saint-Vigor, l'autre dans le bourg, d'abord du titre de Notre-Dame et de la Sainte-Trinité, puis au xve siècle dédiée à Saint-Etienne. En 1087 Hervé de Montmorency fit reconstruire celle du Haut-Marly et fit don à l'abbaye de Coulombs, du diocèse de Chartres, des deux églises ainsi que de leurs revenus moyennant quoi les religieux devaient fournir ces paroisses de desservants. Le roi Philippe Ier donna à l'église de Saint-Vigor, les ornements sacrés, et en 1135 Louis VI lui donna une partie des reliques du saint que possédait l'église Saint-Frambourg de Soissons.

Les religieux de Coulombs établirent un cloître autour de l'église de Marly-le-Bourg et Philippe Auguste confirma les donations faites aux deux églises de Marly. Le Prieuré de Marly était tenu d'offrir le piment au chapitre de Notre-Dame de Paris le jour de l'Assomption. L'acquittement de ce droit était tellement rigoureux qu'en 1261, Jean, prieur de Marly, n'ayant pu se libérer fut suspendu d'office et condamné en personne à payer le droit, plus une amende.

Vers la même époque il y avait une maladrerie pour laquelle, Mathieu 1er de Marly, donna avant son départ pour la croisade, une charte obligeant les moines de Notre-Dame de Vincennes à servir un septier de sel et diverses aumônes à l'Hôtel-Dieu de Marly. Les lépreux n'étaient pas admis dans cette maladrerie, mais comme ceux des villages voisins, ils étaient reçus à la léproserie de Sainte-Madeleine de Charlevanne. Cet hôpital fut détruit par l'invasion anglaise en 1351 et le château subit le même sort. Le chevalier anglais, Jean de Hauford, seigneur de Marly-le-Chastel et de Maisons-sur-Seine confirma par charte de l'an 1432 les donations faites par ses prédécesseurs aux églises de Marly. La guerre cessa enfin. Mais Marly eut à souffrir successivement de querelles avec les abbayes de Vaux de Cernay, de Saint-Denis, de Coulombs, etc., qui revendiquaient la dîme de ce lieu ; puis les troubles de la Ligue et de la Fronde au point que la misère devint redoutable. Pendant ce temps le château qui pantelait déjà, s'affaissa tout à fait. Ç'avait été un gros donjon, élevé sur la place où se voit aujourd'hui l'église, entouré de larges fossés, sans aucun attrait de grandeur et de noblesse ; lorsqu'en 1679 Louis XIV acheta le domaine de Marly, il n'y avait plus rien du manoir féodal des Montmorency et les deux églises tombaient en ruines. Les habitants alors remontrèrent à l'archevêque de Paris qu'ils étaient divisés en deux paroisses et qu'ils désireraient qu'il n'y en eut qu'une. Un décret de 1681 permit la réunion des deux paroisses et la démolition du prieuré de Saint-Etienne, sous conditions de payer vingt-cinq livres annuellement à l'archidiacre de Jouy-en-Josas, que les charges du prieuré seraient acquittées à Marly-le-Chastel, que le nombre de desservants serait augmenté, et que Jean Guitard, seigneur de Marly-le-Bourg, conserverait ses droits honorifiques. Mais plus tard le curé de Saint-Vigor requit la destruction de l'église Saint-Etienne, afin de puiser des matériaux pour la reconstruction de l'église Saint-Vigor. Il n'y fut fait droit que quelques années plus tard. Louis XIV fit rebâtir une église de Saint-Vigor non loin de la précédente, la pose de la première pierre en fut célébrée le 24 avril 1688. Vers le même temps les cimetières de Marly-le-Bourg déclarés inutiles furent supprimés, ils occupaient un grand emplacement à l'endroit dit aujourd'hui place du Chenil groupés autour de l'église et du prieuré de Saint-Etienne. Dès 1684, Marly prit un accroissement considérable. Sur l'emplacement de l'ancien château féodal, Blouin, alors gouverneur de Marly, fit construire le château qu'habita au commencement du siècle une descendante des seigneurs de ce lieu et qui appartient aujourd'hui à M. Sardou. Les plus grands noms de France se trouvèrent parmi les propriétaires des plus belles maisons de Marly qui s'honore d'avoir donné naissance en 1684 au célèbre numismate Joseph Pellerin. Fagon, médecin du roi y résidait également.

La Révolution et la Terreur semèrent la panique à Marly. Les biens des émigrés et des monastères furent vendus ; l'église vit ses autels profanés, ses tombeaux violés ; mais malgré le voisinage du club de sans-culottes de Louveciennes, dont nous avons lu plus haut les excès tyranniques, il n'y eut à Marly qu'une seule victime en la personne du curé, Samson Bricogne, exécuté le 25 messidor an II.

Le Château. — Le dernier seigneur de Marly, François Bossuet, qui avait réuni les deux seigneuries de Marly-le-Chastel et de Marly-le-Bourg, mourut en 1675 au couvent des Augustins-Déchaussés. Le roi Louis XIV acquit alors par sentence de décret et adjudication faite à son profit aux requêtes du Palais, le 20 mai 1676, la terre et baronnie de Marly-le-Châtel, les seigneuries de Bailly et de Noisy, et réunit ces terres à celles de Versailles. Le Roi cherchait un endroit où il put jouir quelques fois, avec quelques personnes favorisées de sa Cour, d'un repos et d'une quiétude absolus. Il le trouva à Marly. Mais les bois, les sources nombreuses qui alimentaient des rivières, et de fangeux cloaques étaient autant d'obstacles à l'édification du château, on disait alors ermitage. Mais quels sont ceux que n'ait pas franchi le « Roi Soleil ». Pendant quatre ans, les travaux furent activement poussés. Et au mois de novembre 1683, Louis XIV convia la Cour à un divertissement en son pavillon de Marly pour en fêter l'inauguration.

Au dire des contemporains, Versailles n'atteignit jamais à la magnificence de Marly. Ce qui n'avait été qu'un ermitage, d'agrandissements en agrandissements, devint un château superbe. Mansart, qui en dressa les plans, fit un réel chef-d'œuvre. La décoration en fut confiée aux sculpteurs Lepautre, Coysevox, Slodtz; aux peintres Van der Meulen, La Fosse, Mignard, Le Brun, Paul Bril, etc., les jardins furent tracés et plantés par Durusé, et pour ne donner qu'une idée des sommes dépensées, il suffit de songer au tour de force réalisé par le desséchement du cloaque où se dressa l'édifice. Au bas d'une superbe cascade, le pavillon imitant le soleil dominait une vaste esplanade enrichie de terrasses, de cascades, de parterres, de bosquets, de pièces d'eau, de statues, terminée et bordée d'allées d'ifs, de portiques en verdure et de douze pavillons imitant les signes du zodiaque. Ces pavillons servaient de logements aux Ministres et aux Princes. Mais c'est surtout par la beauté de ses jardins que Marly s'est imposé. Derrière le pavillon royal, la grande cascade occupait le versant de la colline. Soixante-deux degrés de marbre rouge et vert versaient une masse d'eau abondante, et le coup d'œil de cette rivière a fait l'admiration des visiteurs. On arrivait à l'ermitage par une magnifique avenue à une cour ronde où aboutissait les écuries. De là une autre avenue environnée de terrasses bordées d'arbres conduisait à l'avant-cour, dont la forme ronde était terminée par deux pavillons, servant l'un de salle de gardes, l'autre de chapelle. En parcourant le parc, on pouvait voir trois grands réservoirs de cinq arpents chacun et pavés de carreaux émaillés.

Choisi par le Monarque et apprécié vivement par Mme de Maintenon, Marly fut un rendez-vous de noble compagnie, où Louis XIV passa vingt années, donnant des fêtes, des jeux, des spectacles et des bals, et malgré les déboires et les catastrophes qui marquèrent le déclin de son règne, la résidence ne perdit rien de son éclat. Sous Louis XV, Marly fut délaissé après que le régent eut un instant l'intention de le détruire. C'est le cardinal Fleury qui, procureur avare, substitua à la grande et fameuse cascade le tapis vert que l'on peut encore voir aujourd'hui. Louis XVI revint souvent dans la demeure de son aïeul et l'on conte qu'il y était la veille du Serment du Jeu de Paume. La Révolution, là comme ailleurs, vint tout saccager. La Convention fit enlever, par les représentants du peuple, Treilhard, Auguis et Eulard, les statues ornant les jardins de Marly, qui servirent ensuite plusieurs années durant comme promenade publique. En 1798, le domaine fut vendu à un nommé Sagniel, qui y installa une manufacture de drap. L'entreprise ayant périclité, Sagniel essaya de se refaire une fortune en disséminant les matériaux du pavillon démoli.

Etat actuel. — Il ne reste de cette résidence magnifique que quelques ruines, à peine surgissantes de l'herbe, en tous cas sans intérêt et qui évoquent difficilement la place du pavillon royal, et celles des autres bâtiments. La route de la grille Royale traverse le parc d'un bout à l'autre, et c'est en la parcourant qu'on peut relever les faibles vestiges de ce passé.

L'abreuvoir ruiné, sans plus aucun de ses ornements, sans ses *Chevaux de Marly* qui, après en avoir décoré la tête, en remplacement des *Mercure* et *Renommée*, de Coysevox, sont allés orner l'entrée de l'avenue des Champs-Elysées, est le plus important morceau qui nous aide à la reconstitution du château de Louis XIV.

Le Village. — En montant la rue du Chenil, nous arrivons à la place de même nom, où se trouve l'ancienne vennerie du roi Louis XIV. Dans le potager de cette propriété, aujourd'hui à M. Letellier, qui borde la droite de la rue du Chenil, se trouvait autrefois l'église de Saint-Etienne de Marly-le-Bourg, le monastère des moines de Coulombs et le cimetière. On y a trouvé en fouillant le sol d'énormes colonnes de pierre, une plaque de marbre blanc qu'on a scellé dans le mur extérieur des écuries, dont l'inscription latine semble être un ex-voto rappelant une date et un nom; et une cloche de bronze du XVe siècle, qui mesure 26 centimètres de hauteur, 29 de diamètre, autour de laquelle sont gravés une fleur de lys séparée par deux points en losanges, un saint Michel terrassant un dragon, dans la gueule duquel il enfonce sa lance d'une main, tandis que de l'autre il tient un bouclier. Cette figure est placée sous une arcade assez bizarre et qui semble deux ogives surbaissées, séparées par un pinacle surmonté d'un trèfle. Une croisette pattée, entourée d'une couronne d'épines, vient à la suite, précédant l'inscription suivante : *Ave Maria*, puis une figure du Christ en croix sous une même arcade, accompagnée de deux saints qui, vus à mi corps, semblent être derrière une balustrade. L'inscription se termine par des lettres ou abréviations séparées par des points, impossible à expliquer, une figure de la Vierge portant son enfant, toujours sous une arcade de même que celle décrite, complète l'ornementation originale et primitive de cette cloche, que l'église Saint-Vigor possède aujourd'hui en vertu d'un don.

Le Chenil est extérieurement ce qu'il a toujours été; c'est aujourd'hui une propriété privée qui compte parmi les plus belles de Marly.

Dans la rue du Chenil, la rue Rachel mène à

une petite place dite de la Vierge, décorée de tilleuls sous lesquels s'abrite une ancienne statuette de la Vierge protégée par une grille de fer sur laquelle se lit : *Ave Maria*. A l'angle de cette place, affirme la tradition, aurait été la maison du Prieur de Saint-Etienne. La rue Rachel évoque aussi des souvenirs plus modernes et plus profanes, celui de la grande tragédienne Rachel qui habita une maison voisine où la comtesse Fitz-James trouva une mort si cruelle. Rangeant, dit-on, sa bibliothèque à la lueur d'une bougie, elle mit le feu à ses vêtements et périt de la suite de ses brûlures. La comtesse a laissé à Marly le souvenir d'une bonté et d'une charité inépuisables.

A gauche sur la place du Chenil, à l'angle de la rue Mansart, se trouve la mairie, remarquable, ancien hôtel seigneurial de Marly-le-Bourg. On y a tout dernièrement ajouté une annexe, l'école devenant insuffisamment grande.

En cette mairie, en outre, sont conservées les *couleuvrines* données à Marly par le roi Louis XIV.

Toutes deux de bronze, ciselées, et portant l'inscription : « *Ingens visus ab aurora* ». Ces couleuvrines, coulées à Perpignan en 1694, sur l'ordre du Roi qui les destinait à son petit-fils le duc de Bourgogne, furent données à Marly à la mort de ce jeune prince. On ne les utilise de nos jours, que pour célébrer de salves matinales la fête patronale de Marly.

La rue Mansart rappelle le célèbre architecte auquel on doit tant de monuments. Mansart mourut à Marly en 1708. En face de nous s'ouvre la rue Champflour qui doit son nom à une famille de robe originaire d'Auvergne, dont l'un des membres, Claude de Champflour, fut curé de Saint-Etienne en 1668, puis de Saint-Vigor. Emmanuel Champflour, officier de la reine et procureur du roi, mourut à Marly en 1698.

A l'extrémité de cette rue nous longeons le mur de la propriété d'Adolphe de Leuven dont par héritage M. Alexandre Dumas fils est l'actuel possesseur.

La rue de l'Eglise va nous conduire à Saint-Vigor dont le clocher profile devant nous sa silhouette aigue ; à droite s'ouvre la **rue des Vaulx**. L'abbaye des Vaulx de Cernay y avait une maison et des terres qui s'étendaient jusqu'au bas du vallon. Vers le milieu de cette rue, à droite en descendant, se trouve une des portes de la villa Mélesville. Fagon, médecin de Louis XIV, habita cette maison qu'occupa Anne-Honoré-Joseph, baron Duveyrier, dit Melesville, l'auteur de tant de désopilants vaudevilles. Au bas de la rue des Vaulx se trouve la **rue Thibaud** qui a pris son nom de Saint-Thibaud de Marly. Un lavoir situé dans cette rue conserve gravé dans la pierre la date de sa reconstruction pendant la Révolution et le nom du saint. A quelques pas, dans la route qui se trouve ici en face de la rue des Vaulx, est le champ des Oiseaux, groupe de coquettes villas, parmi lesquelles celle où demeura Xavier-Boniface Saintine, le fameux et délicat conteur, l'auteur de « Picciola », pour ne citer qu'une de ses œuvres. Saintine est enterré au cimetière de Marly.

Au numéro 3 de la rue de l'Eglise se trouvent les anciennes maisons de la geôle et de la grange dîmeresse de Marly. Le jardin du presbytère s'étendait jusque là. La maison de geôle, prison seigneuriale, appartenait aux seigneurs et plus tard à Louis XIV. En 1745, Charles Gaudet, officier de Madame la Dauphine, y habita moyennant 90 livres par an, avec la condition qu'il devait laisser droit de passage au prieur pour aller à sa grange et entretenir la porte charretière en bon état. Ces maisons sont habitées par des bourgeois-vignerons.

Eglise. — L'église, extérieurement, ne présente aucun attrait. A l'intérieur, elle se compose de trois nefs larges ; le transept est formé par les chapelles de Saint-Thibaud, second patron de Marly, et de Saint-Louis, en boiseries du XVIIe siècle. La chapelle de la Vierge, du côté de l'Orient, fut érigée en mémoire de Notre-Dame de Marly, le roi Louis XIV en donna les ornements. Au titre de Saint-Vigor (1), cette

---

(1) Saint-Vigor, né à Arras, se fit remarquer par sa grande piété et son humilité au monastère de Saint-Waast où il reçut une éducation chrétienne, fit par ses

MARLY-LE-ROI — Église Saint-Vigor

(Page 180)

église, bâtie par le roi, célèbre annuellement, le deuxième dimanche après Pâques, l'anniversaire de la cérémonie de dédicace qui fut faite le 1er avril 1689 par François de Batailler, conseiller de Sa Majesté et évêque de Bethléem. Le maître autel, flanqué de deux anges agenouillés provenant de la chapelle du château de Versailles, est dédié à Saint-Vigor et Saint-Etienne. L'église ne contient rien de remarquable. Seul un vieux tableau représentant un ensevelissement du christ, peint sur bois, daté de 1812, attire notre attention au fond du bas-côté de gauche. Un petit orgue à transmission électrique de la facture Merklin se trouve dans une arche du côté gauche du cœur; sa situation défectueuse le rend presque inaperçu, ce qui ne fait point valoir un buffet commun.

La grille monumentale de la propriété de M. Sardou se trouve à droite de la place. Derrière ce portique, que beaucoup admirent et qui nous semble banal esthétiquement parlant, si industriellement il a quelque importance, dix grands sphinx accroupis gardent l'entrée. Ces sphinx, que l'on a tort de croire monolithes

---

sermons et l'exemple qu'il offrait lui-même de nombreuses conversions. Il laissa de fervents disciples. L'église de Marly possédait des reliques que la Révolution dispersa.

granitiques, sont faits d'un composé de ciment, d'ocre rouge et de marbre noir. Ils figuraient en 1867 à l'Exposition universelle, section égyptienne, et pour qui connait l'art égyptien dans ses merveilleux détails, ces sphinx n'ont rien de cette majesté, de ce quelque chose d'imposant et charmant qui attire, captive et surprend à la fois, qui fait la séduction irrésistible, indéfinissable des monuments de l'Egypte antique.

La maison, d'où l'on découvre une vue magnifique, se trouve sur l'emplacement de l'ancien château féodal de la branche puinée de Montmorency, elle a été construite, nous l'avons dit plus haut par Blouin en 1726. On montre dans cette demeure une chambre qu'habita André Chénier. M. Sardou a accumulé dans sa résidence tout ce qu'il est possible de curiosités historiques, archéologiques et artistiques. A côté se trouve la propriété de Mme Boissaye « Mes Délices » où le Président de la République, M. Carnot, a passé une partie de l'été 1893.

Dans la Grande Rue de Marly se trouve d'un côté la rue Sémonin, du nom d'un ancien magistrat, de l'autre la rue Pellerin, ainsi nommée en mémoire de Joseph Pellerin, né à Marly en 1684, célèbre antiquaire et numismate qui créa la méthode historique de classification des monnaies. Commissaire général, et premier commis de la marine, Pellerin avait formé un médailler de 32,500 pièces qu'il vendit à Louis XVI pour 300,000 francs.

MARLY-LE-ROI — Porte du Parc

(*Page 183*)

Dans la Grande Rue se trouve encore plusieurs maisons anciennes telle celle des Bains, ancien Hôtel de Gesvres qui porte le n° 27; reconnaissable à ses balcons de fer forgé, barres en cintre surbaissées, etc., etc. Partout d'ailleurs dans ce village se rencontre quelque coin qui a gardé un vestige de la grande époque.

La rue Bontemps plus loin, évoque le souvenir de Alexandre Bontemps, premier valet de chambre du roi, surnommé le bonhomme Bontemps, parce que Louis XIV prétendait qu'il ne disait jamais de mal de personne. Claude Bontemps, son fils, eut les mêmes titres, outre celui d'intendant des Parcs et Châteaux de Versailles et Marly. Dans la Grande Rue se trouve encore la rue Madame, qui doit son nom à Madame, belle-sœur de Louis XIV.

En descendant l'avenue Fitz-James nous voyons les portes d'entrée du parc de Marly qui ont conservé leur fière allure du siècle dernier. La première qui s'ouvre à côté de la demeure du garde mène au pavillon présidentiel de chasse. La deuxième plus bas, sur l'avenue, et qui donnait jadis accès aux magasins et blanchisserie château a été restaurée récemment.

Les écarts de Marly-le-Roi sont : le hameau de Montval, autrefois Demunval, Demonvallis ou Petit-Marly et faisant partie du Pecq, appartenant à l'abbaye de Saint-Vandrille. Le 2 novembre 1197, Régnault, abbé de ce monastère, confirma en une charte la possession, aux moines des Vaux-de-Cernay, à perpétuité, des vignes et du pressoir que l'abbaye de Saint-Vandrille leur avait concédés à Demunval.

Le Champ des Oiseaux, jadis nommé la Pommeraye, pour la raison qu'il s'y trouvait un grand nombre de pommiers, formait un fief que possédaient les Caillié, sieurs de la Pommeraye.

La ferme du Trou-d'Enfer, appartenant au domaine. Autrefois cette ferme, sous le nom des Essarts de Marly, formait un fief de la seigneurie de Marly. Son nom actuel, lui vient d'une vallée profonde et boisée, au bord de laquelle se dissimule une redoute militaire, comme on en rencontre quelques-unes en forêt de Marly.

Enfin le Cœur-Volant, groupe de villas, mi partie sur Marly, mi partie sur Louveciennes, ainsi nommé d'une demeure, actuellement privée, que Louis XIV avait donné à Mme de Maintenon, ainsi qu'une plaque de marbre noir, enchâssée dans le mur d'un pigeonnier, à l'angle d'un petit chemin qui conduit à l'aqueduc, et portant l'inscription suivante :

PROPRIÉTÉ DU CŒUR VOLANT
DON DE ROI LOUIS XIV
17 JANVIER 1710

le certifie.

Marly, chef-lieu de canton du département de Seine-et-Oise, arrondissement de Versailles, compte 1.300 habitants environ de population stable.

TRAMWAY

DE

PARIS A SAINT-GERMAIN

RENSEIGNEMENTS GÉNÉRAUX

HORAIRE

ALLER

| PRIX DES PLACES |||| STATIONS | HEURES DES DÉPARTS ||
| BILLETS SIMPLES || BILLETS ALLER ET RETOUR || | ||
1re cl.	2e cl.	1re cl.	2e cl.			
»	»	»	»	Paris (Etoile)..	l'h. 45	l'h. 15
»	»	»	»	Pont de Neuilly	» 6	» 39
» 60	» 35	»	»	Les Bergères..	» 15	» 45
» 70	» 45	1 25	» 80	Nanterre......	» 23	» 53
» 85	» 55	1 50	» 95	Rueil-Ville....	» 30	l'heure
» 90	» 60	1 60	1 05	La Malmaison.	» 35	» 5
1 05	» 70	1 80	1 20	La Jonchère...	» 38	» 8
1 20	» 80	2 05	1 35	Bougival......	» 44	» 14
1 25	» 85	2 10	1 40	La Machine...	» 47	» 17
1 40	» 95	2 35	1 55	Port-Marly....	» 55	» 25
1 50	1 05	2 50	1 70	Le Pecq......	l'heure	» 30
1 65	1 15	2 70	1 85	Saint-Germain.	» 7	» 37
1 60	1 10	2 65	1 80	Marly-le-Roi..	Voir l'affiche	

HORAIRE

RETOUR

PRIX DES PLACES				STATIONS	HEURES DES DÉPARTS	
BILLETS SIMPLES		BILLETS ALLER ET RETOUR				
1re cl.	2e cl.	1re cl.	2e cl.			
»	»	»	»	Marly-le-Roi *(voir l'affiche)*		
»	»	»	»	Saint-Germain.	l'h. 14	l'h. 44
» 20	» 15	»	»	Le Pecq......	» 20	» 50
» 25	» 20	»	»	Port-Marly....	» 28	» 58
» 40	» 30	»	»	La Machine...	» 33	» 3
» 45	» 35	»	»	Bougival......	» 36	» 6
» 60	» 45	» 90	» 70	La Jonchère...	» 42	» 12
» 75	» 55	1 15	» 85	La Malmaison..	» 45	» 15
» 80	» 60	1 20	» 90	Rueil-Ville....	» 51	» 21
» 95	» 70	1 45	» 05	Nanterre......	» 57	» 27
1 05	» 80	1 60	1 20	Les Bergères..	» 5	» 35
1 25	» 95	1 90	» 45	Pont de Neuilly	» 17	» 47
1 65	1 15	2 70	1 85	Paris (Etoile)..	» 35	» 5

SERVICE D'ÉTÉ

Départ de Paris (Etoile) : à 6 h. 45, 7 h. 45 matin, et, à partir de 8 h. 45 matin, deux départs par heure, à l'heure 45 et à l'heure 15, jusqu'à 11 h. 45 soir.

Départ de Saint-Germain : à 6 h. 14, 7 h. 14 matin, et, à partir de 8 h. 14 matin, deux départs par heure, à l'heure 14 et à l'heure 44, jusqu'à 10 h. 44 soir.

En outre, le train n° 12 partira de Port-Marly à 7 h. 45 matin pour arriver à Paris (Étoile), à 9 h. 5 matin.

SERVICE D'HIVER

Départ de Paris (Etoile) : un départ par heure, à l'heure 45, de 6 h. 45 matin à 10 h. 45 soir.

Départ de Saint-Germain : Un départ par heure, à l'heure 14, de 6 h. 14 matin à 10 h. 14 soir.

AVIS IMPORTANT. — Les trains ne s'arrêtent aux poteaux haltes établis sur la ligne que lorsqu'ils ont des voyageurs à prendre ou à laisser.

Composition des trains. — Chaque train offre autant de places qu'il est nécessaire pour transporter tous les voyageurs munis de billets, quelque soit leur nombre.

Billets d'aller et retour. — Ces billets, comportant une réduction de 25 %, sont valables au retour pour toute la journée de leur date. Par mesure exceptionnelle, les billets d'aller et retour délivrés le samedi et le dimanche sont valables pour le retour, jusqu'au lundi suivant; ceux délivrés les jours de fêtes légales sont valables, pour le retour, le jour de l'émission et le lendemain; et ceux délivrés la veille des fêtes légales sont valables, pour le retour, le jour de l'émission, le lendemain et le surlendemain.

Cartes d'abonnement. — Des cartes d'abonnement valables pendant un mois, trois mois, six mois ou un an sont délivrés aux prix et conditions du tarif spécial n° 2, entre toutes les stations de la ligne.

Des cartes d'abonnement pour familles sont délivrées, dans les mêmes conditions, avec des réductions de 20, 25, 30, 35 et 40 % pour la 2e, 3e, 4e, 5e et 6e cartes.

Des cartes d'abonnement avec réduction de 50 % sur le prix du tarif ordinaire, sont délivrées aux élèves, âgés de 21 ans au plus, qui fréquentent les Lycées, Collèges, Institutions secondaires ou primaires.

Transports collectifs. — Une réduction de 50 % sur le prix du tarif général est accordée à toute Société composée de vingt membres au moins, conformément aux prescriptions de la circulaire n° 12, déposée dans toutes les stations.

Bagages. — Les colis bagages sont transportés par tous les trains, entre toutes les stations. La franchise est acquise à tout voyageur dont le bagage ne pèse pas plus de 30 kilogrammes.

Chiens. — Les chiens sont transportés dans les mêmes conditions aux prix du tarif homologué par décision ministérielle du 12 juillet 1892.

Messageries. — Les marchandises sont également acceptées par toutes les stations et transportées aux prix du même tarif. Le coût du récépissé timbré, accompagnant chaque expédition, n'est que de 10 centimes au lieu de 35 centimes comme dans les Compagnies de chemins de fer.

Boîtes aux Lettres. — Des boîtes postales mobiles sont accrochées au fourgon de tous les trains et transportent, vers Paris, les lettres pour toutes destinations et les cartes-télégrammes pour Paris *exclusivement*.

Correspondances. — Un grand nombre de trains sont, à la station des Bergères, par Puteaux, en correspondance avec la ligne de Paris-Saint-Lazare à Versailles; la ligne de Paris-Saint-Lazare à Saint-Germain correspond, à Rueil-Gare, avec les trains de Paris-Etoile à Saint-Germain.

Des correspondances avec les omnibus, passant à la place de l'Etoile à Paris, sont délivrées aux voyageurs qui en font la demande aux prix de 10 centimes en première classe et de 20 centimes en deuxième classe.

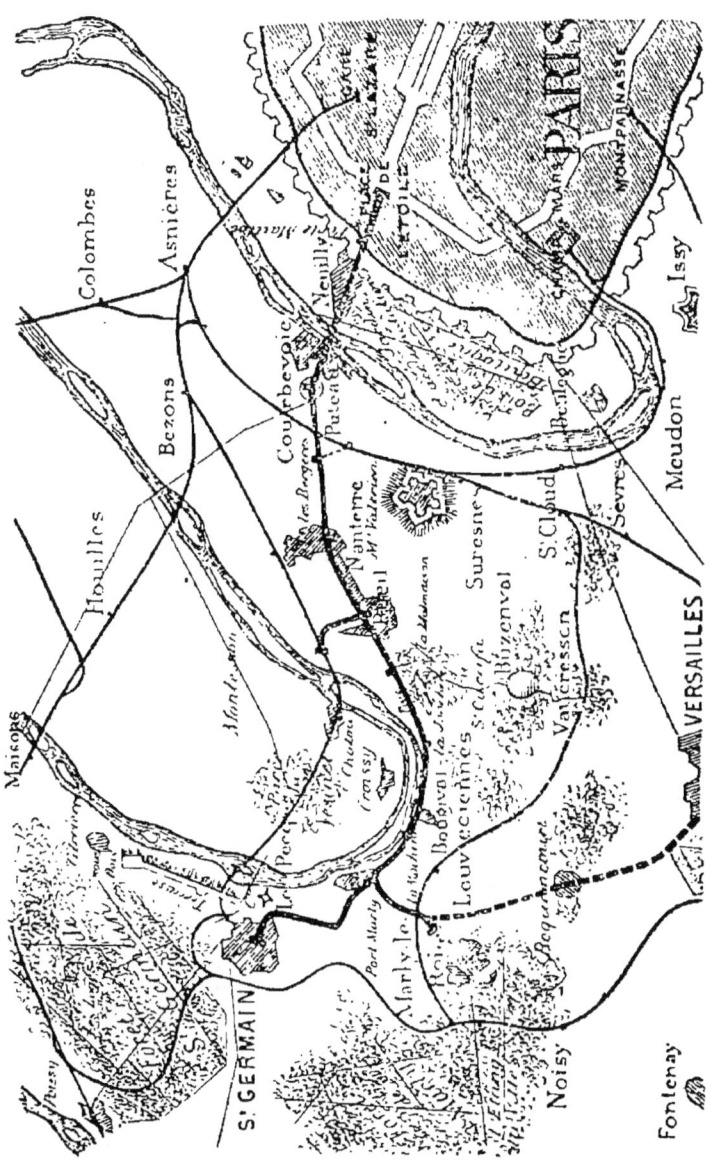

Plan de la ligne du Tramway à vapeur de Paris-Etoile à Saint-Germain-en-Laye, Marly-le-Roi et — en pointillé — projet de ligne de Versailles.

TABLE DES MATIÈRES

	Pages
Errata	VII
AVANT-PROPOS	IX
La Route de Cherbourg	XIII

CHAPITRE Ier

PARIS — Avenue de la Grande-Armée	1
NEUILLY-SUR-SEINE — Porte Maillot — Rond-Point	2
— Pont de Neuilly	6
COURBEVOIE	13
PUTEAUX	15
— La Défense — Rond-Point et Monument — Les Bergères	17
Le Mont-Valérien	19
NANTERRE — Rond-Point de la Boule Royale	29
— La Ville et l'Église	29

CHAPITRE II

RUEIL	39
— Le Château	42
— L'Église	49
— Le Bois-Préau	56
La Malmaison	59
— Le Combat en 1870 — Épisode	92
La Jonchère	93

CHAPITRE III

	Pages
La Maison Rouge	95
La Chaussée	98
BOUGIVAL	99
— Pavillon du Barry	112
— La Machine	129

CHAPITRE IV

LE PORT-MARLY	137
LE PECQ	145
SAINT-GERMAIN-EN-LAYE — La Ville	149
— Le Château	152
— L'Eglise	162
— Les Loges	164
— Saint-Léger	165

CHAPITRE V

Saint-Fiacre	167
MARLY-LE-ROI	168
— Le Château	173
— Le Village	176
— Eglise	180

TABLE DES GRAVURES

CHAPITRE Ier

	Pages
La Porte Maillot — Chapelle Saint-Ferdinand..	2
NEUILLY-SUR-SEINE — Statue de Parmentier	4
— Pont de Neuilly.....	8
PUTEAUX — Monument de la Défense Nationale	16
Le Mont-Valérien — Le Moulin des Gibets, I..	22
— Id. II.	26
NANTERRE — Puits et Chapelle du Cellier Sainte-Geneviève...............	32
— Eglise Saint-Maurice...........	34

CHAPITRE II

RUEIL — Eglise Saint-Pierre et Saint-Paul....	48
— Eglise, Orgues de Bacio d'Agnolo, xve siècle....................	50
— Eglise, Tombeau de l'Impératrice Joséphine.......................	52
— Eglise, Tombeau de la Reine Hortense	54
— Eglise, Rétable provenant de la Malmaison.......................	56
La Malmaison — Façade d'entrée (état actuel)..	58
— Façade antérieure (état actuel).	60
— Etang de Saint-Cucuphat.....	62
— Temple de l'Amour (état actuel)	66
— Chapelle de la Malmaison.....	90

CHAPITRE III

		Pages
BOUGIVAL — Eglise Notre-Dame et Saint-Avertin		102
—	Chemin de la Croix aux Vents....	104
—	Pro Patria (27 sept., 21 oct. 1870)	106
—	Monument Montgolfier..........	110
—	Petit Temple grec.............	112
La Machine de Marly, I...................		128
—	II.................	130
—	La Machine à feu......	132
—	Entrée des bureaux techniques............	134

CHAPITRE IV

PORT-MARLY — Eglise Saint-Louis..........		137
LE PECQ — Eglise......................		146
St-GERMAIN-EN-LAYE—Monument de M. Thiers		148
—	Le Château (coté nord)	156
—	Le Château (côté sud et Chapelle).......	160
—	Eglise.......	162
—	Maison d'éducation des Loges	164

CHAPITRE V

MARLY-LE-ROI — L'Abreuvoir.............		168
—	Eglise Saint-Vigor........	180
—	Une Porte du Parc........	182

Plan de la ligne du Tramway de Paris à Saint-Germain-en-Laye et Marly-le-Roi avec projet de ligne de Versailles (en pointillé), page 193.

Imp. DOIZELET, St-Germain.

www.ingramcontent.com/pod-product-compliance
Lightning Source LLC
Chambersburg PA
CBHW070748170426
43200CB00007B/701